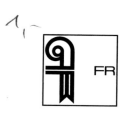

Ruedi Schärer
Heinz Kreis

Wandern mit dem U-Abo

Band 5: Jederzeit ist Wanderzeit

Friedrich Reinhardt Verlag Basel/Berlin

Fotos: Ruedi Schärer, Riehen

Die Deutsche Bibliothek – CIP-Einheitsaufnahme
Wandern mit dem U-Abo. – Basel ; Berlin : F. Reinhardt.
Bd. 5. Jederzeit ist Wanderzeit / Ruedi Schärer, Heinz Kreis. – 1996
   ISBN 3-7245-0905-7
NE: Schärer, Ruedi

Alle Rechte vorbehalten
© 1996 by Friedrich Reinhardt Verlag Basel/Berlin
Printed in Switzerland by Reinhardt Druck Basel
ISBN 3-7245-0905-7

Vorwort der Verfasser

Wandern, marschieren, schreiten, steigen, losziehen – es ist immer ein Unterwegssein, ein Vorwärtskommen. Gerade beim Wandern erweist sich das östliche Sprichwort «Der Weg ist das Ziel» als besonders treffend: Wohl wartet zuweilen am Ende einer Route ein Ort der Erbauung und Erholung, doch ist es die begangene Wegstrecke, die uns Erlebnisse schenkt und das Wandern reizvoll macht.

Wandern ist auch ein Wandeln: Wandlung unserer selbst, unserer Ansichten und Urteile. Wer hätte auf Wanderungen nicht schon gute Ideen und praktische Einfälle gehabt, wer wäre beim Wandern nicht schon philosophisch geworden?

Wandern ist nicht an Jahreszeiten und strahlenden Sonnenschein gebunden. Wer sagt, dass Schönwetter-Wanderungen die «besten» sind? Der besondere Reiz einer Tour durch eine stille Winterlandschaft verlockt immer wieder zum Herauskommen. Wer die starken Eindrücke solcher Wanderungen schon erfahren hat, muss sich nicht mehr überwinden, die warme Stube zu verlassen.

Die in diesem Band vorgeschlagenen Routen sind denn – obwohl auch für Sommer geeignet – vor allem für Herbst, Winter und Frühling gedacht. Es sind beschauliche Wanderungen, auf deren Wegen wochentags sehr wenige Menschen unterwegs sind. Und immer sind sie mit den vier «W» verbunden, nämlich Wäldern und Weiten, Wasser und Wein.

Wir wünschen allen, die sich verlocken lassen, viel Freude in unserer immer noch grossartigen und vielfältigen Natur.

Basel, im Januar 1996 Ruedi Schärer
Heinz Kreis

Routen-Übersicht

1	**Vom Birstal durch farbige Wälder zur Höhe** Dornach – Hochwald – Aesch	11
2	**Klare Fernsicht erleben** Reigoldswil – Wasserfallenbahn – Hohe Winde – Bachmättli	15
3	**Elsässer Impressionen** Leymen – Hagenthal – St-Brice – Rodersdorf....................	18
4	**Höhenwanderung über dem Herbstnebel** Grindel – Ober Fringeli – Vicques.....................	22
5	**Reizvolle Landschaft in den Freibergen** Saignelégier – La Teurre – Petit Bois Derrière – Pré-Petitjean........	26
6	**Wandern und Schauen** Gempen – Schartenflue – Schönmatt – Sulzchopf – Muttenz	30
7	**In den Oberbaselbieter Rebbergen** Maisprach – Buus – Wintersingen – Sissach	34
8	**Durchs Ergolztal** Liestal – Sissach – Gelterkinden – Ormalingen – Rothenfluh.........	38
9	**Wintergerechte Wanderroute** Biel/BL – Leymen – Flüh – Ettingen.....................	41
10	**Badische Rheinebene und Rebhänge** Eimeldingen – Efringen – Eimeldingen.............................	45
11	**Besinnliche Dreiwasserwanderung** Pratteln – Hülftenschanz – Augst – Schweizerhalle – Birsfelden	49
12	**Von Brüglingen zur Schönmatt** Brüglingen Birsbrücke – Schönmatt – Eremitage – Dornachbrugg – Brüglingen	52
13	**Gepfadete Wege um Rheinfelden** Rheinfelden – Dorn – Magden – Rheinfelden	55
14	**Vorfrühling in der Hard** Birsfelden – Waldhaus – Schweizerhalle – Augst	58

15	**Ausflug auf den Tüllinger Hügel** Parkplatz Weilstrasse – Obertüllingen – Ötlingen – Parkplatz Weilstrasse	61
16	**Von Muttenz über Bad Schauenburg nach Gempen** Muttenz – Egglisgraben – Bad Schauenburg – Stollenhäuser – Gempen – Dornach	66
17	**Chlusertal: Reben, Wald und Wiesen** Aesch – Ettingen – Reinach	69
18	**Auf der Habsburg und am Aare-Ufer** Bahnhof Brugg – Schloss Habsburg – Bad Schinznach – Bahnhof Rupperswil	72
19	**Grüne Hochtäler im Jura** Aesch – Herrenmatt – Hochwald – Seewen – Grellingen	75
20	**Durch die Langen Erlen ins Wiesental** Lange Erlen – Weil Ost – Tumringen – Haagen	79
21	**Frühlingssonne am Rhein** Bad Bellingen – Neuenburg – Chalampé – Neuenburg – Müllheim	84
22	**Am Birsufer aufwärts** Laufen – Bärschwil – Liesberg – Soyhières – Delsberg	87
23	**Naturerlebnisse zwischen Bach und Berg** Liestal – Orismühle – Lupsingen – Chlekenberg – Reigoldswil	90

1 Vom Birstal durch farbige Wälder zur Höhe

Dornach – Hochwald – Aesch

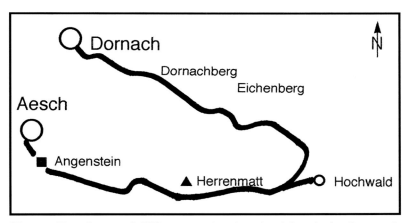

Wer vom Birstal aus auch Höhenwege mit weiten Aussichten in den Jura sowie ins schöne Hochwald-Tal erleben möchte, ist mit der Route Dornach–Hochwald–Aesch gut beraten.

Distanzen und Marschzeiten: Bahnhof Dornach–Hochwald ca. 5 km und rund 360 m aufwärts = etwa 2 bis 2½ Std. Hochwald–Aesch ca. 4 km und rund 80 m Aufstieg = etwa 4¼ bis 4½ Std.
Karten: Wanderkarte Nordwestschweiz 1:50'000 von Kümmerly + Frey oder Landeskarte der Schweiz 1:25'000, Blatt 1067 Arlesheim.
Verpflegungsmöglichkeiten: In Dornach, Hochwald und Aesch bieten sich mehrere Restaurants zur Einkehr an. Die Bergwirtschaft Herrenmatt ist Montag und Dienstag geschlossen.

Ausgangspunkt der Wanderung ist der Bahnhof Dornach, der mit der BLT, den SBB und aus dem Baselbiet auch mit Autobussen gut erreichbar ist. Dornach hat sich vom dereinst einfachen Bauerndorf zu einem recht lebendigen Flecken mit Industrie und Kultur an günstiger Verkehrslage entwickelt. Die unmittelbare Stadtnähe ist für Neuansiedler besonders attraktiv. Eindrücklich wirkt die imposante Silhouette des Goetheanums, das von der Anthroposophischen Gesellschaft als Zentrum ihres Wirkens in den Jahren 1925–1928 errichtet wurde. Tausende in- und ausländischer Besucher kommen jährlich nach Dornach, um die eurhythmischen und dramatischen Aufführungen, namentlich die Faust-Festspiele, im Goetheanum mitzuerleben.

Rechts vom Bahnhof ist zunächst die Unterführung zu benutzen, an deren Ausgang es beim Wanderwegweiser Hochwald–Büren–Liestal nach rechts geht. Den Bahngeleisen entlang führt eine zwar asphaltierte, aber ruhige Strasse mit gelbem Rhombus. Nach einer Strassenunterführung mit neuem Wegweiser geht es durch die Quartierstrassen von Oberdornach dem bewaldeten Höhenzug des Dornachbergs entgegen.

Nach dem Linksabzweigen auf einen schmalen Aufwärtsweg beginnt bald einmal Naturbelag. Über den letzten Häusern öffnet sich eine weite Sicht auf das Birstal und dessen Umgebung. Dann wird, vom gelben Rhombus geleitet, nach links auf einen schmalen, bald steil werdenden Waldweg abgebogen.

Es ist nicht mühelos, aber ruhig und naturnah, hier zu wandern, insgesamt gegen zwei Kilometer und nahezu 300 m aufwärts, zuletzt auf einem sehr steilen Zickzackweg in gleicher Richtung zu einem Aussichts- und Picknickplatz am *Eichenberg* als höchstem Punkt dieser Wanderung. Es lohnt sich, auch für den weiten Blick gegen Süden auf die Jurahöhen mit den herbstfarbenen Wäldern, hier eine Pause einzuschalten.

Die folgende Strecke führt auf einem bequemen Waldweg leicht abwärts und bald danach an den Waldrand mit Ausblick auf das breite Tal von *Hochwald* und hernach auf die Häuser des Dorfes. Anstelle des erneut steigenden Wanderweges kann auf bequemere Weise nicht ganz einen halben Kilometer lang die Fahrstrasse nach Hochwald benutzt werden. Dort bietet sich in drei Restaurants, von denen mindestens eines täglich offen ist, die Möglichkeit zum Ausruhen und Verpflegen.

Hochwald gehörte einst zum Bistum Basel. Anno 1373 wurde der Dinghof Hochwald mit einigen Dörfern des Birsecks vom Bischof Johann von Vienne den Brüdern Heumann und Ulrich von Ramstein verpfändet. 1386, nach dem Tod Ulrich von Ramsteins, ermächtigte der Bischof Imer von Ramstein seinen Brudersohn Thüring, die «Leute, Gerichte und Güter» von Hochwald und anderes mehr zurückzuführen. 1503 wurde das Dorf von Solothurn gekauft, und seit 1509 gehört es politisch zum Kanton Solothurn. «Hobel», wie Hochwald im Volksmund genannt wird, ist Bestandteil der Amtei Dorneck/Thierstein und des Bezirks Dorneck.

Nach einer verdienten Pause geht die Wanderung weiter. Am südlichen Dorfende, wo sich die Fahrstrasse in zwei Richtungen trennt, führt ein erneut mit gelben Rhomben markierter Naturpfad rechts aufwärts gegen den Waldhügel *Uf der Hollen*. Er bringt einen neuen Aufstieg von rund 80 m zu einer Kapelle. Rechts an dieser vorbei geht es ein kleines Stück geradeaus und dann links auf einen signalisierten Wanderweg und zu einem nächsten Wegweiser, bei dem die Route Herrenmatt–Aesch zu nehmen ist. Hier öffnet sich eine prächtige Aussicht auf die Landschaften und Orte bis zur Rheinebene mit den Vogesen und bis zum Schwarzwald.

Auf einem wiederum gut bezeichneten Wanderweg wird, am Schluss

---

Schloss Angenstein

auf Asphalt, die Bergwirtschaft Herrenmatt erreicht. Von dort führt die Route Oberaesch–Aesch abwärts bis zum Bauernhof *Oberaesch* und dort auf einer Fahrstrasse zuerst nach links und dann nach rechts gegen das *Schloss Angenstein* zu ins Birstal hinunter. Nach erneutem Weitblick in die Täler und auf die Jurahöhen bilden der Bahnhof und kurz danach die Tramstation in *Aesch* den Endpunkt der Wanderung.

Schloss Angenstein, eine im 13. (Turm) und 16. Jahrhundert (Anbau) erstellte Ritterburg, gehört seit 1951 dem Kanton Basel-Stadt. Angenstein (Ange = Enge, Stein = Burg) war im Mittelalter ein strategisch wichtiger Kontrollpunkt an einer engen Stelle des Birstales. Heute dient das trutzige Gebäude friedlicheren Zwecken: In der Schlosskapelle wird oft geheiratet und im Hof irdischen Freuden gefrönt.

Das Dorf *Aesch*, 1253 Esch genannt – der Name stammt von Asche oder vom Baum Esche –, gehörte vom Mittelalter bis 1803 zur Pfarrei Pfeffingen und seit 1833 zum Kanton Baselland. Viele Zuzüger aus der Stadt haben das Dorf und seine Umgebung merklich verändert.

Postauto nach Gempen erleichtert die Wanderung

Der lange und steile Anstieg von Dornach zum Eichenberg ist recht anspruchsvoll. Wer es sich leichter machen möchte, kann vom Bahnhof Dornach aus mit dem Postauto nach Gempen oder sogar nach Hochwald fahren. Die Abfahrten erfolgen von 8.09 bis 11.09 Uhr stündlich, mit 20 Minuten Fahrzeit.

Im Gempen bietet sich vom südlichen Dorfende aus ein angenehmer Wanderweg mit nur rund 60 m Anstieg auf einer Strecke von rund 4 km bis gegen den Hobelrank und abwärts nach Hochwald, mit ebenfalls ruhiger Umgebung und schönen Jura-Aussichten.

2 Klare Fernsicht erleben

Reigoldswil – Wasserfallenbahn – Hohe Winde – Bachmättli

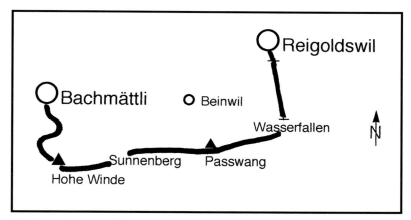

Zu den stärksten Erlebnissen einer Herbstwanderung gehört neben den bunt gefärbten Wäldern an klaren Tagen der Fernblick auf die Alpen. Ein Wandervorschlag für den Jura-Höhenweg von der Wasserfalle zur Hohen Winde.

Distanzen und Marschzeiten: Mit dem Autobus von Basel nach Reigoldswil und dort auf die Wasserfallen-Gondelbahn. Rückfahrt mit dem Postauto ab Bachmättli nach Laufen und von dort mit der Bahn nach Basel. Endstation Gondelbahn–Passwang rund 2½ km mit 280 m Anstieg = 1¼ bis 2½ Std. Passwang–Hohe Winde rund 8,8 km mit 260 m Anstieg = 2¾ bis 3¼ Std. Hohe Winde – Bachmättli 4,5 km = 1¼ bis 1½ Std.

Karten: Landeskarte 1:25'000, Blatt 1087 Passwang oder Wanderkarte des Jura 1:50'000, Blatt 2 Basel – Baselland – Olten.
Verpflegungsmöglichkeiten: Restaurant Hintere Wasserfalle (donnerstags und Freitagvormittag geschlossen), Bergwirtschaft Vorder-Erzberg (dienstags geschlossen), Ober-Passwang (donnerstags geschlossen).

Ausgangspunkt der Wanderung ist Reigoldswil (im Dialekt Reigetschwyl), mit 1350 Einwohnern die viertgrösste Ortschaft des Bezirks Waldenburg. Die Gegend von Reigoldswil ist alter Kulturboden. Zahlreiche (Grab-)Funde weisen auf die alemannische Siedlung «Rigoltswiler» (Weiler des Rigolt) hin. Sein Geschlecht wird in Urkunden vom Kloster Schöntal erwähnt. 1400 kam der Ort an Basel. 1628 wurde Reigoldswil durch Hagelwetter und Feuer zerstört; 1869 herrschte grosse Wassernot. Der Ort war früher das Zentrum der Heimposamenterei. 1913 standen hier noch 361 Bandwebstühle, 1977 wurde das letzte Exemplar abgebrochen.

Östlich des Dorfes liegt die Ruine des schon vor dem Erdbeben von 1356 zerfallenen Schlosses Rifenstein. Dieses war Sitz des froburgischen Dienstmannengeschlechts Reifenstein. Ob die Ritter von Reigoldswil, die Erben der Reifenstein, nochmals das Schloss bewohnten, ist nicht bekannt. Das Fundament des Bergfrieds und Reste von Mauerzügen sind noch sichtbar. Nördlich der Burg fand man eiserne Pfeilspitzen.

Der erste «Anstieg» von Reigoldswil auf die *Wasserfalle* ist reines Vergnügen: Die Luftseilbahn trägt den Wandersmann in einer Viertelstunde mühelos auf 925 m Höhe. Jährlich lassen sich übrigens rund 80'000 Personen von der 1956 erbauten Bahn auf den Jurakamm transportieren. Die nostalgischen Gondeln überwinden auf der 2 km langen Fahrt 384 Höhenmeter (Montag kein Fahrbetrieb).

Oben angekommen, geht es nach rechts in leichtem Anstieg auf einer Fahrstrasse zum Wirtshaus Hintere Wasserfalle. Von dort steil aufwärts über die Weide und nach rechts im Wald zum gleichnamigen Passübergang.

Der Gratweg führt aufwärts über Weideland und durch Wald zum ersten Höhepunkt der Wanderung auf 1204 m über Meer. Bei klarer Weitsicht bietet sich ein überwältigender Blick auf die Alpenkette von den Savoyer Alpen über die Berner Oberländer Gipfel bis zur Säntis-Gruppe und sogar zu den Bayrischen Alpen.

Die nächste Etappe führt 1 km lang abwärts, bis ein Weg links aufwärts abbiegt zu einem Höhenweg, am Hof *Beibelberg* vorbei. Links unten das Guldental, dahinter der Höhenzug des Sunnenberges und – bei guter Sicht – in der Ferne die Alpen. Aufwärts und bald wieder abwärts, an der Nordflanke eines ebenfalls Sunnenberg genannten Höhenzuges leicht hinauf und hinunter, im Wald oder am Waldrand oder auf Weiden.

Der dem Hang entlang laufende schmale Pfad kann nach einem Regenguss glitschig sein; griffige Profilsohlen sind empfohlen. In westlicher Richtung geht es nahezu geradeaus weiter, immer den rot-gelben Wanderzeichen nach. Den Abzweiger Richtung Neuhüsli rechts liegen lassend, gelangt man auf einen guten, allerdings meist aufwärts führenden Feldweg zur Bergwirtschaft *Vorder-Erzberg*.

Es folgt ein Aufstieg von etwas über 130 m auf einer Strecke von rund 1 km auf den Gipfel der *Hohen Winde*. Dank ihrer Lage ist die Hohe Winde ein Aussichtsberg ersten Ranges. Aus 1204 m Höhe öffnet sich bei klarem Wetter ein unvergleichlicher Rundblick: nach Süden über den Kettenjura hinweg auf die Alpen, nach Norden auf die Vogesen und zum Schwarzwald und dazwischen auf das Rheintal mit der Stadt Basel sowie nach Westen und Osten auf die Höhenzüge des Jura. Die Hohe Winde ist das Zentrum eines ausgedehnten Wandergebietes. Zahlreiche Wanderrouten in alle Richtungen sind hier oben auf einem Orientierungssockel vermerkt.

Der Abstieg verläuft zum Teil auf recht steilem Gelände, zunächst weiter auf dem Jura-Höhenweg zur Mittleren Rotmatt beim Stromleitungsmast. Von dort geht es nach rechts auf den Wanderweg ins Lüsseltal hinunter, wiederum steil abwärts zunächst

Grasende Kühe bilden mit ihrem Glockengeläut in der herbstlichen Landschaft vertraute Signale für Auge und Ohr.

in nördlicher Richtung an den Höfen *Schlegel* und *Schlössli* vorbei zum *Bachmättli* im Talboden, wo sich eine Postauto-Haltestelle befindet.

Die ganze Wanderung über etwa 16 km mit teilweise steilen Aufstiegen von insgesamt über 500 m Höhendifferenz ist anspruchsvoll. Es muss mit einer reinen Marschzeit von 5¼ bis 6 Stunden gerechnet werden. Der letzte Autobus fährt um 19.15 Uhr beim Bachmättli in Richtung Laufen ab. Der Start in Basel mit dem Reigoldswiler Bus sollte um 7.48 Uhr oder spätestens 9.18 Uhr erfolgen.

Wer es etwas einfacher haben will, kann auf dem Jura-Höhenweg etwa 2½ km nach dem Hof Beibelberg rechts ins Tal hinunter zur Busstation Neuhüsli auf einen ebenfalls gekennzeichneten Wanderweg abbiegen und dadurch die reine Marschzeit auf 3¾ bis 4¼ Stunden reduzieren.

3 Elsässer Impressionen

Leymen – Hagenthal – St-Brice – Rodersdorf

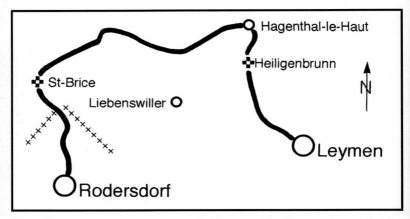

Eine Wanderung von Leymen nach Hagenthal-le-Haut und zurück über St-Brice nach Rodersdorf beeindruckt mit einer abwechslungsreichen Landschaft und mit typischen Elsässer Elementen.

Distanzen und Marschzeiten: Leymen–Hagenthal-le-Haut rund 4 km = 1¼ Std. Hagenthal-le-Haut–St-Brice rund 6 km = 1½–1¾ Std. St-Brice–Rodersdorf gut 4 km = 1¼ Std.
Abkürzungsmöglichkeit: Vor Heiligenbrunn auf der Strecke von Hagenthal-le-Haut her auf dem offiziellen Wanderweg bleiben und direkt nach Leymen zurück = etwa 6 km weniger.
Karten: Landeskarte der Schweiz 1:25'000, Blätter 1066 Rodersdorf und 1067 Arlesheim oder Carte des Vosges 1:50'000 Mulhouse/Ferrette (herausgegeben vom Club Vosgien).
Verpflegungsmöglichkeiten: in Leymen, Hagenthal-le-Haut (und in Hagenthal-le-Bas, ca. 1 km entfernt auf Wanderweg erreichbar), in der (ab November bis zum Frühjahr geschlossenen) Bauernwirtschaft St-Brice und in Rodersdorf.

Für fast jede Elsasswanderung zu beachten: Bei und nach nassem Wetter sind zum Teil schlechte, feuchte, auch von Traktoren und Pferden aufgewühlte Wege in Kauf zu nehmen. Zudem sind manchmal auch bezeichnete Wanderwege mit Gras und Gebüsch überwuchert. Weder die Wanderzeichen noch die Elsasskarten sind deshalb absolut zuverlässig. Die anschliessenden Hinweise sind darum möglichst genau zu beachten.

In Leymen ist zunächst die Strasse nach *Liebenswiller* zu nehmen bis zur

Wo die Zeit stehengeblieben ist: Weiler St-Brice mit Kapelle und Bauernhof, in dem eine kleine Wirtschaft untergebracht ist.

ersten Linkskurve, wo links an einem rosarot bemalten Haus vorbei ein zwischen zwei Drahtgittern gelegener schmaler Weg genommen werden kann. (Achtung: das blaue Rechteck des Wanderweges ist hier nicht angebracht!) Am Birsigufer geht es ein kurzes Stück nach links und gleich wieder nach rechts über ein Brücklein hinweg geradeaus auf eine Weide links dem Stacheldrahtzaun entlang.

Über Wiesland hinweg gelangt der Wanderer immer geradeaus auf einem Trampelpfad zu einem Querweg, dem er nach links folgt, bis dieser auf einen Weg trifft, der – wieder mit dem blauen Rechteck gekennzeichnet – rechts aufwärts verläuft. Gegen den Wald zu kommt bald einmal die *Kapelle Heiligenbrunn* in Sicht. Links und rechts zieht sich der weite, friedliche Hang, dessen Zerstörung durch den Bau eines Ferienzentrums glücklicherweise verhindert worden ist. In grossem Halbrund stehen Wälder mit den bunten Farben des Herbstlaubes auf den Höhenzügen. Im Süden liegen die Juraberge mit der Ruine Landskron und dem Blauen dahinter.

Links an der Kapelle vorbei geht es nun auf den mit einem Fahrverbot belegten Aufwärtsweg, bis ein Pfad rechts abzweigt, der eine Zeitlang eben verläuft und dann, nach einer Picknickstelle mit prächtiger Aussicht, im rechten Winkel links abbiegt. Durch Gras und auch Gestrüpp gelangt der Wanderer auf einen etwas besseren Weg, der in eine Waldstrasse mündet. Auf dieser schreitet er nach rechts bis zu einer Wegkreuzung, wo er links abbiegt, dem Waldrand entlang spaziert, bis ein offensichtlich auch von Reitern benutzter Pfad rechts läuft.

Auf diesem teils fast zugewachsenen Weglein wird eine nächste Kreuzung anvisiert; an einem rechts daran stehenden Baum ist eine rote Dreizehn auf weissem Grund geschrieben. Der Wanderer aber marschiert nach links gegen *Hagenthal-le-Haut* zu, das im Tal unten bereits in Sicht ist.

Der Abwärtsweg ist zum Teil nur andeutungsweise vorhanden, doch die Richtung ist nicht zu verfehlen. Im Wald zeigt sich wieder ein Weg, welcher rechts den Hang entlang abwärts führt bis zum Waldrand, wo ein Pfad links abbiegt und neben einer Weide zu einem Weg und dann zu einer Strasse von Hagenthal-le-Haut führt. Wanderzeichen haben diese letzte Strecke nicht mehr begleitet.

Die nächste Etappe beginnt auf dem bei der Kirche gegen Süden verlaufenden, mit Heiligenbrunn angeschriebenen Fahrweg, der nun wieder mit dem blauen Rechteck des «offiziellen» Wanderweges gezeichnet ist. Bequem und mit leichter Orientierung geht es aufwärts, bis zu einer Rechtskurve, wo der beschilderte Wanderweg wieder schmal wird und geradeaus ins Gebüsch hinein zielt.

Der Wanderer dagegen bleibt auf der Fahrstrasse mit Naturbelag. Etwa zwei Kilometer lang folgt er dieser gegen Westen leicht auf- oder abwärts verlaufenden Waldstrasse, bis vor einer Wegkreuzung ein mit Bettlach angeschriebener Weg in spitzem Winkel links rückwärts abbiegt. Ein gelbes Rechteck zeigt einen Wanderweg an, der durch Spuren von Ross und Reiter gezeichnet ist und zuerst aufwärts durch den Wald führt, bis er nahezu eben wird, worauf bald zur Linken die weite Ebene des «Mittleren Feldes» erscheint.

Beim ersten Linksabbieger wird diese Ebene überschritten; am Waldrand geht es ein paar Schritte nach rechts, dann links in den Wald hinein und geradeaus bis zu einem Querweg, wo die Route rechts auf einen mit gelbem Rhombus gezeichneten Grasweg einbiegt. Nach etwa einem Kilometer kommt eine Autostrasse, der einige Meter nach links zu folgen ist, bis ein mit St-Brice/Rodersdorf angeschriebener Weg rechts in den Wald hineinbiegt. Dem gelben Rhombus nach geht es geradeaus, bis das Wegzeichen an einem Baum rechts vom Weg erscheint und einen kurz aufsteigenden Abbieger anzeigt. In wenigen Minuten wird auf diesem der Weiler *St-Brice* mit einer Kapelle und einem Bauernhof erreicht. Eine im Wohngebäude eingerichtete kleine Wirtschaft bietet den Gästen einige typische Elsässer Spezialitäten zum Kosten, und es ist – besonders im Sommer – eines der angenehmsten Gefühle, zusammen mit anderen Waldbummlern im Freien an Tischen unter den Bäumen zu sitzen und bei Speckgugelhopf, Weichkäse und Weisswein die Welt einmal nur von der schönen Seite her zu betrachten.

Der Rückweg ins Leimental hinunter beginnt dem Waldrand entlang, worauf der nach links verlaufende Weg gegen *Rodersdorf* in den Wald hinein genommen wird. Dieses Ziel wird auch bei Abzweigungen auf dem jetzt gut angeschriebenen Wanderweg beachtet. Auf Naturbelag und nach etwa einem Kilometer auf

In der flachen Senke nahe Rodersdorf vermag das Regenwasser nur langsam zwischen den Keimlingen zu versickern.

Asphalt bringt der Wanderer seine letzte Etappe hinter sich, während das weite Tal nochmals seine Lieblichkeit und Grösse auftut.

Rodersdorf liegt auf einer tief ins Elsass hineinreichenden Landzunge und grenzt auf drei Seiten an Frankreich. Die Dorfkirche St. Laurentius wird schon im Jahre 1277 erwähnt. Schiff und Chor stammen von 1676, und im ehemaligen Beinhaus neben der Kirche findet sich eine Grabtafel mit dem Wappen von Staal 1728. Auch das Pfarrhaus ist alt, es wurde 1644 erbaut.

4 Höhenwanderung über dem Herbstnebel

Grindel – Ober Fringeli – Vicques

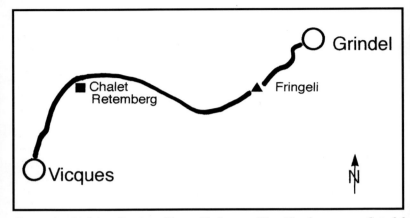

Genau das Richtige für einen klaren Herbsttag: Eine Wanderung von Grindel ob Laufen über den Fringelikamm bis nach Vicques im Tal der Schelte.

Distanzen und Marschzeiten: Grindel–Ober Fringeli 2,5 km + 250 m = 1–1 ¼ Std. Ober Fringeli–Chalet Retemberg 3,5 km + total 250 m = 1–1 ¼ Std. Chalet Retemberg–Vicques–Courroux 5,5 km = 1½ Std.
Karten: Landeskarte 1:25'000, Blätter 1087 Passwang und 1086 Delsberg oder Spezialkarte des Jura, Blatt 3.
Verpflegungsmöglichkeiten: Bergwirtschaft Ober Fringeli (dienstags geschlossen), Chalet Retemberg (nur sonntags offen).

Der Weg von Laufen nach Grindel ist für Fussgänger nicht besonders attraktiv. Drum fährt der Wanderer am besten mit dem Autobus (7.20 oder 8.26 Uhr ab Laufen, 11 Minuten Fahrzeit). Vom kleinen Höhendorf Grindel geht es in südlicher Richtung dem Wanderwegweiser Ober Fringeli/Corban nach. Der Weg führt steil aufwärts mit einer Höhendifferenz von rund 250 Metern auf der 2,5 km langen Strecke bis zur Bergwirtschaft *Ober Fringeli*. An einem schönen Herbsttag, wenn die Höhenzüge rings umher mit ihren bunten Farben sachte aus dem Morgennebel auftauchen, wird diese Route zum unvergesslichen Erlebnis.

Die erste grosse Aussicht – nach Norden auf den Blauenkamm und nach Osten ins Schwarzbubenland – bietet sich auf dem 785 m hohen *Fringelipass*, einem schon zur Römerzeit benützten Passübergang. Vermutlich führte die bedeutende Römerstrasse Aventicum – Pierre-Pertuis – Augusta

Raurica hier über den Fringelikamm. Die Landschaft mit den tiefen Taleinschnitten und den bewaldeten Höhenzügen ist typisch für den Jura.

Einer ersten Rast folgt ein weiterer steiler Anstieg von fast 100 m auf die Höhe des Fringelikammes, der Teil des Bergzuges von der Hohen Winde bis zum Roc de Courroux gegen Delsberg ist. Auf dem Kammweg nach rechts durch den Wald, zuerst auf einer schmalen Krete, später auf einer breiteren Hügelkuppe immer westwärts. Nach etwa einer Stunde von Ober Fringeli aus gelangt der Wanderer zum Naturfreunde-Chalet *Retemberg* auf 868 m Höhe.

Weiter zuerst geradeaus und dann links in südwestlicher Richtung auf einem Waldweg dem Hang entlang. Nach einem halben Kilometer geht's links abwärts auf einem schmalen Weg, immer den rotgelben Wanderzeichen nach. Nach den anspruchsvollen Passagen der Höhenwanderung, die jedoch immer wieder Aussichten in die Täler bietet, ist die Fortsetzung bequemer. Der Weg führt abwärts durch den Wald über eine Wiese und beim Wanderzeichen wieder hinter das Blätterdach. Bei der nächsten Waldlichtung geht es nach links über diese hinweg zu einem rechts abwärts führenden Pfad. Am Ende des Waldes öffnet sich der Blick auf die weite Ebene gegen Delsberg zu, auf eine grosse und schöne Landschaft.

Die Route verläuft geradeaus weiter gegen *Vicques*, immer leicht abwärts. Nach wenigen hundert Metern erreicht man die ersten Häuser, überquert bald das Flüsschen Schelte und steht mitten im illustren Dörfchen Vicques, dem die Zeichen der Neuzeit wenn auch verhalten so doch an vielen Stellen anzusehen sind.

Hier lohnt sich ein Besuch der Kirche *St-Valère*. Die 1961 durch den Freiburger Architekten Pierre Dumas nach recht eigenwilligen Plänen gebaute Kirche weist eine dreieckige Grundform auf. Die in Spannbetonbauweise erstellte Hängekonstruktion ruht auf den drei Eckpunkten. Auffallend sind auch die grossen Fensterpartien, die viel Tageslicht ins Innere fliessen lassen. Die geschmackvoll gestalteten Glasfenster des Freiburger Künstlers Schorderet geben dem Sakralraum eine ganz besondere Note.

Einen Steinwurf weiter thront das kleine Postgebäude, vor dem sicher zweimal pro Stunde das Postauto anhält und auch Wanderer nach *Delsberg* direkt zum Bahnhof der Hauptstadt des Jura mitnimmt. Ab Delsberg bestehen bequeme Zugsverbindungen nach Laufen bzw. nach Basel.

Wer noch einen Bummel durch Delsberg anhängen will, findet hier eine geschichtsträchtige Stadt. Delsberg wurde in Urkunden bereits anno 708 erwähnt. 999 wurde sie von Rudolf III. von Burgund mit dem ganzen Tal dem Bischof von Basel geschenkt. Nach einer Urkunde von 1289 hatte Delsberg die gleichen Rechte wie Basel selbst. Es blieb Bischofssitz bis zur Französischen Revolution. 1793 wurde die Stadt von Frankreich erobert und bildete eine Unterpräfektur des Departements Haut-Rhin. Der Wiener Kongress teilte das Fürstbistum Basel der Republik Bern zu.

Als mittelalterliche Marktstadt weist Delsberg bemerkenswerte Gebäude auf. Das Schloss, der ehemalige bischöfliche Palast, wurde von 1716 bis 1721 erbaut und diente bis zur Französischen Revolution als Sommersitz der Fürstbischöfe von Basel.

Eigenwillig und doch harmonisch eingefügt – die Kirche von Vicques mit Glas, Licht und dauernd wechselnden Spiegelbildern der Schöpfung

Heute beherbergt das Schloss städtische Schulen.

Neben dem Schloss erhebt sich die dreischiffige, in der zweiten Hälfte des 18. Jahrhunderts errichtete Kirche St-Marcel. Die Fassade ist in klassizistischem Stil erbaut. Im Chor liegen die sterblichen Überreste der Apostel und Märtyrer Germain und Randoald aus dem 7. Jahrhundert begraben. Als sehr seltenes Stück von kaum schätzbarem Wert befindet sich in der Sakristei der Bischofsstab des heiligen Germanus. Er stammt aus dem 7. Jahrhundert und soll der älteste Bischofsstab sein, der bis jetzt erhalten blieb.

Das Rathaus, ein Gebäude in einfachem Renaissancestil, stammt aus den Jahren 1742 bis 1745. Der dritte Stock wurde 1866 aufgesetzt. In einem alten Bürgerhaus des 18. Jahrhunderts ist seit 1910 das Jurassische Museum untergebracht. Es hütet viele mittelalterliche Schätze. 1938 wurden ihm auch die Fundgegenstände aus der römischen Siedlung von Vicques einverleibt. Die Präfektur oder das Amthaus stammt aus dem 15. Jahrhundert und war früher Residenz der fürstbischöflichen Vögte. Der im Nordosten des Gebäudes stehende Turm wird nach dem Namen des ersten Besitzers Wildensteinturm genannt.

Die mit dem Wappen von Delsberg geschmückte Malatière-Brücke überspannt die Sorne. Ihren Namen hat sie

Blick vom Fringelikamm auf Bergwirtschaft und Gehöft Ober Fringeli, rechts hinten Grindel, links darüber der markante Stürmenchopf

von einem alten, längst abgebrochenen Siechenhaus (Maladerie oder Malatière). Die beiden noch erhaltenen Stadttore, das Wolfstor (Porte aux Loups) und das Pruntruter Tor, geben der Stadt ein mittelalterliches Gepräge. Das Wolfstor erinnert wohl an die Zeiten, da in den unwirtlichen Wäldern des Jura noch Wölfe hausten.

Das Pruntruter Tor ist der Ausgang nach der Schwesterstadt Pruntrut.

Die breite Grand'Rue zeigt, dass Delsberg seit dem Mittelalter ein Marktort ist. Als solcher weist die Stadt noch etliche Brunnen auf, die mit ihren Renaissancesäulen und den Brunnenfiguren vor allem für Kunstfreunde interessant sind.

5 Reizvolle Landschaft in den Freibergen

Saignelégier – La Teurre – Petit Bois Derrière – Pré-Petitjean

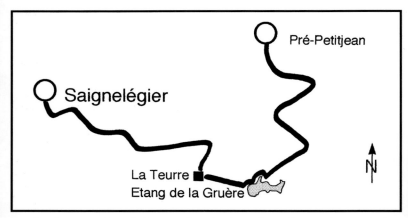

Die Freiberge sind ein bekanntes Langlaufparadies. Aber auch eine Herbstwanderung in der reizvollen Landschaft ist ein Erlebnis.

Distanzen und Marschzeiten: Saignelégier–La Teurre ca. 3,5 km mit 80 m Anstieg = 1 bis 1¼ Std. La Teurre–Petit Bois Derrière ca. 4,5 km = 1¼ Std. Petit Bois Derrière–Pré-Petitjean ca. 4 km mit 70 m Anstieg = 1¼ bis 1½ Std.
Karten: Wanderkarte des Jura 1:50'000, Blatt 3 Solothurn – Delsberg – Pruntrut oder Landeskarte 1:25'000, Blatt 1105 Bellelay.
Verpflegungsmöglichkeiten: La Teurre (Dienstag geschlossen), Petit Bois Derrière (Mittwoch geschlossen) und Pré-Petitjean (Montag geschlossen).

Unsere Wanderung beginnt im Hauptort der Freiberge, Saignelégier. Das Städtchen ist bekannt für seinen «Marché Concours», einen grossen Markt mit Pferdefest. Jedes Jahr im August strömen Tausende von Besuchern nach Saignelégier, um sich an den Darbietungen zu erfreuen. Einst unterstand der Ort der Pfarrei Montfaucon, er gliederte sich aber später dem Kapitel von St-Ursanne an. 1594 verlegte der Pfarrer von Montfaucon seine Residenz nach Saignelégier, wo 1629 eine religiöse Gemeinschaft gegründet wurde. Durch den Dreissigjährigen Krieg hatte Saignelégier viel zu leiden.

Der Reformator Farel versuchte vergebens, hier die Reformation einzuführen. Anfang des 17. Jahrhunderts erbaute der Fürstbischof von Basel in Saignelégier die Burgvogtei. Die heutige Kirche wurde 1927/28 erstellt. Der Hauptaltar ist ein kostbares, altertümliches Kunstwerk, das aus der Abtei Bellelay stammt und vom Freiberger Anton Monnot hergestellt wurde. Am 19. und 20. Juni 1940 kamen 20 000 französische und polnische Soldaten vom Plateau du Maîche her in die Schweiz und marschierten durch Saignelégier.

Unsere Wanderung beginnen wir zunächst mit einem kleinen Stück der Strasse gegen Süden entlang, zuerst auf dem Trottoir, bald einmal auf einer Promenade, in Richtung Tavannes. Beim Schild, das rechts das grosse Gebäude Centre des Loisirs anzeigt, kann die Strasse verlassen werden, dem Wegweiser Rouges-Terres/Etang de la Gruère nach. Bald öffnet sich der Blick auf die typische Landschaft der Freiberge: Eine weite Ebene mit grossen Weideflächen, da und dort Waldstreifen als Windschutz, tiefdunkle Tannenwälder hinter den in das Grün hineingestreuten Häusern der Dörfer.

Bald gelangt der Wanderer auf Naturbelag, ein Stück weit durch den Wald und bei der ersten Abzweigung nach rechts in Richtung *La Teurre*, über die Fahrstrasse hinweg. Wieder auf Asphalt geht es an einem Bauernhof vorbei leicht aufwärts, bis der mit einem gelben Rhombus bezeichnete Wanderweg erneut zum Naturbelag wechselt. An den Bäumen angebrachte Schilder mit einem Fuchs und später auch einem Frosch zeigen die Wanderwege zu den Moorweihern von Les Royes und La Gruère an.

Einem leichten Anstieg von rund 60 m folgt ein Abwärtsweg zu den Häusern des Weilers *Cerlatez*, wiederum begleitet von den Glocken der Kuhherden und von den anmutigen Bildern weidender Rosse. Bei der Kreuzung mit der Fahrstrasse zeigt der Wanderwegweiser La Teurre nach rechts; aber zur Vermeidung einer Strassenstrecke von nicht ganz 1 km ist ein etwa gleich grosser Umweg sicher in Kauf zu nehmen. Man marschiert in östlicher Richtung, auf einem angenehmen Weg an einem Abzweiger nach links vorbei gegen ein weisses Bauernhaus und weiter je etwa ½ km geradeaus, dann rechts und beim nächsten Weg nochmals rechts zum Gasthof *La Teurre*.

Von dort aus sind ein paar Meter neben der Fahrstrasse zurückzulegen, bis eine kleine Strasse links abzweigt, von der aus der *Etang de la Gruère* leicht erreichbar ist. Auf der Strasse ist hierauf in östlicher Richtung weiter zu wandern, wobei rechts unten nochmals der Etang in Sicht kommt, bis zu einem Hof, wo ein Pfad rechts abwärts führt, dem Wegweiser *Gros Bois Derrière* nach. Rechts an einem Weekendhaus vorbei zieht sich der Pfad auf natürlichem Boden durch ein einsames Hochtal. Bei einem anderen kleinen Weiher biegt er rechts und in der Lichtung gleich wieder links ab, gegen das weisse Haus des Hofes Gros Bois Derrière zu.

Beim Hof ist die Strasse nach links einzuschlagen bis zu einer Verzweigung nach etwa 200 m, wo ebenfalls nach links weiter zu gehen ist (Wegweiser Le Bémont), bis die Asphaltstrasse leicht links abbiegt, während geradeaus Naturweg zu nehmen ist. Dieser verläuft in leichtem Bogen zuerst rechts und dann links bis zur Krete, wo ein Pfad rechts abzweigt und durch ein Viehgatter mit einer um Schliessen bittenden Tafel gegen Osten geht.

Der zu Beginn von vielen Silberdisteln gesäumte Weg zum Weiler *Petit Bois Derrière* ist etwas holperig und bei Regenwetter wohl auch morastig (in einem solchen Fall kann der Wei-

27

ler von der erwähnten Strassenverzweigung aus auch auf der Strasse erreicht werden).

Die nächste Etappe beginnt mit einem Strassenmarsch von etwas mehr als einem halben Kilometer zuerst links abwärts im Wald und dann links über eine weitere Hochebene bis zum Wanderwegkreuz Montbovats-Dessous. Dort ist der Weg nach links zu nehmen, der etwa 1 km leicht aufwärts gegen Westen führt und dann, dem Wegweiser Montfaucon nach, rechtwinklig rechts abbiegt. Über einen Höhenzug und die Fahrstrasse hinweg gelangt man einen runden Kilometer weit zu einer Kreuzung mit einem Querweg.

Dem gelben Rhombus folgend ist dort der Weg nach links in westlicher Richtung einzuschlagen, der nochmals einen leichten Anstieg in einem Waldstreifen bringt, dann rechts abbiegt und leicht abwärts erneut auf eine Hochebene führt. Wiederum ist die Weite der Landschaft mit den bewaldeten Höhenzügen zu erleben. Gegen Norden scheint Montfaucon am Horizont zu schweben. Der Wanderer aber hat nunmehr den nicht ganz 1 km langen Abwärtsgang zur Bahnstation von *Pré-Petitjean* vor sich, wo um 17.01 und 18.44 Uhr ein Zug zurück nach Saignelégier fährt.

Wer einen weiteren romantischen Aspekt der Freiberge erleben möchte, kann auf einem parallel zur Bahn in östlicher Richtung dahinziehenden Weg in die Schlucht von *La Combe* hinunterwandern und von dort aus die Rückfahrt antreten.

Der Etang de la Gruère

Der Weiher ist im 17. Jahrhundert durch das Aufstauen des Wassers verschiedener kleiner Moortäler geschaffen worden. Die Wasserkraft wurde zum Antrieb einer Mühle und später einer Sägerei genutzt; heute ist diese elektrifiziert. Die Wälder und Weiden um den Weiher sind wertvolle Lebensräume verschiedener Tiere und Pflanzen. Der Weiher wird auch von einem Hochmoor umgeben, das in Jahrtausenden unabhängig von Menschen entstanden ist. Der Weiher, eher ein kleiner See, ist aber keineswegs nur für Botaniker oder Tierfreunde ein Anziehungspunkt. Vielmehr ist er für jedermann ein eigentliches Naturkleinod mit dem von dunklen Tannen umrahmten Wasserspiegel, mit Pflanzen und – für den flüchtigen Besucher allerdings kaum sichtbar – vielerlei Tieren.

Und immer wieder: das «Wappentier» der Freiberge – das Pferd

6 Wandern und Schauen

Gempen – Schartenflue – Schönmatt – Sulzchopf – Muttenz

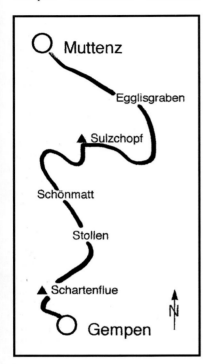

Es geht dem Winter entgegen, die meisten Bäume sind kahl geworden. Das Verschwinden der bunten Herbstfarben hat das immer noch schöne Bild der Natur stark verändert.

Distanzen und Marschzeiten: Dorf Gempen–Schartenflue ca. 1 km + 100 m Anstieg = ½ Std. Schartenflue–Schönmatt ca. 2,5 km = etwa ¾ Std. Schönmatt–Sulzchopf ca. 3 km + 180 m Höhendifferenz = etwa 1¼ Std. Sulzchopf–Muttenz Kirche ca. 3,5 km = ¾–1 Std.
Karten: Landeskarte der Schweiz 1:25'000, Blatt 1067 Arlesheim oder Wanderkarte Nordwestschweiz 1:50'000 von Kümmerly + Frey.
Verpflegungsmöglichkeiten: Restaurant Gempenturm (Donnerstag und Freitag geschlossen), Restaurant Schönmatt (Montag und Dienstag geschlossen), Restaurant Egglisgraben (Mittwoch und Donnerstag geschlossen).

Ausgangspunkt ist das Dorf *Gempen* im solothurnischen Schwarzbubenland, das von der Bahnstation Dornach her mit dem Autobus gut erreichbar ist. Bereits in der Steinzeit (3000–1800 v.Chr.) lebten auf dem Gempenplateau Menschen. In römischer Zeit führte eine Passstrasse über das Ramstal hinauf und verband Gempen (lateinisch campanus = Feld, Ebene) mit Augusta Raurica.

Die Ruine Hilsenstein auf den unzugänglichen Felsen soll ein römischer Wachtturm gewesen sein. Auch Münzenfunde verschiedener Zeitabschnitte bekunden die Anwesenheit der Römer.

Um 250–269 fanden die ersten Überfälle der Alemannen auf das krankende Römerreich statt. Alemannen liessen sich allmählich auch in unserer Gegend nieder, und Gempen wurde zur alemannischen «Thingstätte», d.h. hier wurde Gericht gehalten. Die Franken besiegten 496 die Alemannen und führten die

Grafschaftsverwaltung ein. Der fränkische Augstgau wurde später in Frickgau und Sisgau aufgeteilt; Gempen kam zum letzteren. Es folgte eine Zeit, in der die Gaue die Herrscher oft wechselten. 1464 wurde der Sisgau an die Stadt Basel verkauft. Spannungen zwischen Basel und Solothurn lösten 1531 beinahe einen Krieg aus, den sogenannten «Galgenkrieg». Bern vermittelte zwischen den beiden Kantonen, und ein Vertrag kam zustande. Gempen wurde nun von den Vögten von Dornach regiert. 1798 sahen die Gempener den manchmal verhassten Vogtsitz, das Schloss Dorneck, in Flammen aufgehen. Die Herrschaft der Vögte wurde gestürzt. Die stürmische Zeit der Regeneration wurde 1847 durch den Sonderbundskrieg beendet. Gempen hatte während der Grenzbesetzung im Zweiten Weltkrieg strategische Bedeutung; 1940 gab es sogar eine «Division Gempen».

Obwohl der Boden dieser Hochebene rauh und trocken ist, lässt er sich bebauen. Die hier angelegten Felder und Äcker ergeben befriedigende Ernten. Der Anteil an Zugezogenen hat sich in den letzten Jahren um etliches vergrössert, und den Städtern ist die Gegend zu einem gerne besuchten Erholungsgebiet geworden.

Von der Post Gempen aus geht es in nördlicher Richtung eine kurze Strekke der Strasse entlang, bis vor einer Rechtskurve der Fluhweg links abbiegt und nach wenigen Metern rechts aufwärts gegen den Wald führt. Etwa 200 m weit ist Asphalt in Kauf zu nehmen bis zu einer Querstrasse, wo halblinks in den Wald hinein ein Naturweg beginnt, der oberhalb dieser Strasse gegen die Schartenflue verläuft.

Anders als im Sommer bietet sich schon hier durch den kahl gewordenen Wald die Aussicht gegen Süden. Nach etwa 200 m ist die Fahrstrasse nach links zu überqueren, zu einem unterhalb von ihr verlaufenden Naturweg, der bald einmal bei einem Abzweiger rechts aufwärts abbiegt und zu der Asphaltstrasse gelangt, von der aus, dem rotgelben Wanderzeichen folgend, wieder nach rechts auf den Waldboden zu gehen ist. Dort gelangt bereits das Restaurant *Gempenturm* in Sicht, das in wenigen Minuten erreicht wird.

Vom 25 m hohen, 1897 erbauten Turm bietet sich gegen Osten, Süden und Westen eine unglaublich schöne Aussicht auf die langen Höhenzüge des Jura und hinunter ins Birstal bis zu den Vogesen. Bei klarem Himmel, der allerdings heutzutage eher selten geworden ist, sind auch die Alpen zu sehen.

Nach der Pause geht es in nördlicher Richtung dem rotgelben Wanderzeichen nach wieder in den Wald hinein, in der vom Wegweiser angegebenen Richtung Dornach. Bei der nächsten Wegverzweigung ist nach rechts gegen *Stollenhäuser* abzubiegen, jetzt einem gelben Rhombus folgend. Auf dem zuerst eben, dann leicht abwärts verlaufenden Wanderweg bietet sich durch die nackten Äste der Bäume hindurch weiter die Sicht ins Tal hinunter an. Ein rechts abzweigender Weg wird ausgelassen; es geht geradeaus weiter auf eine Lichtung zu, zwischen hoch aufragenden Bäumen hindurch.

Vor dem Verlassen des Waldes zweigt aber der Wanderweg nach links ab, einem gelben Pfeil folgend. Ein kurzes Stück weit geht es geradeaus und dann links abwärts dem gelben Rhombus nach weiter. Der schmale Waldweg gelangt nach nicht ganz 1 km auf einen Fahrweg, wo ein Wegweiser links abwärts gegen Schönmatt und Basel/St. Jakob zeigt. Bei den Bauten von Stollenhäuser öffnet sich erneut die Aussicht auf eine Hochebene mit sanften Höhenzügen dahinter.

Auf einer nahezu ebenen Fahrstrasse, immerhin mit Ausweichmöglichkeiten auf die daneben liegenden Wiesen, wird in einer Viertelstunde das Restaurant *Schönmatt* als nächste Etappe erreicht. Zu neuen Aussichtserlebnissen gehören hier die feinen Silhouetten der Bäume gegen den Himmel.

Unmittelbar nach der Schönmatt geht es von der Strasse weg auf einem schmalen Fussweg zwischen zwei Zäunen abwärts. Nach dem Wiedereintreffen auf der Fahrstrasse wandert man rechts, dem Wegweiser Muttenz folgend.

Es kommen nochmals ein kurzes Strassenstück und dann der Wanderweg links in den Wald hinein. Nach kurzer Zeit liegt links vom Wald eine neue, helle Lichtung mit dem Bauernhof *Renggersmatt*. Die Wanderung aber führt geradeaus weiter bis zu einer links abzweigenden Waldstrasse mit Naturbelag. Kurz darnach öffnet sich die Aussicht auf das Aengental bis hinüber zu den Schwarzwaldhöhen. Anschliessend geht es wieder in den Wald hinein auf einem bequemen Fahrweg leicht abwärts bis zum nächsten Wegweiser, wo die Strecke nach rechts mit der Anschrift Sulzchopf etc. zu nehmen ist.

Zum Wanderweg geht es nachher wieder auf eine Strasse, von der nach zwei Kurven ein Aufwärtsweg mit gleichem Wegweiser rechts aufwärts führt. Der Aufstieg zum *Sulzchopf*, dem Wanderweg mit gelbem Rhombus nach, verlangt mit einem Höhenunterschied von etwa 180 m einiges an Ausdauer. Aber der sich dort bietende Ausblick auf die Rheinebene, die Bauten von Pratteln, Muttenz und Basel und sowohl auf die Vogesen als auch auf die Schwarzwaldhöhen bis zum badischen Blauen ist überwältigend.

Nach der Rast auf dem Sulzchopf empfiehlt sich die Wahl der Asphaltstrasse gegen den *Egglisgraben* hinunter; von dort können sowohl Pratteln als auch Muttenz auf signalisierten Wanderwegen erreicht werden. Ein kürzerer Weg bietet sich mit der oberhalb des Bauernhofes *Eigental* auf einer grossen Lichtung nach links dem Waldrand entlang verlaufenden Strasse. Sie mündet nach etwa 1 km bei den mächtigen Treibhäusern einer Gärtnerei in eine dem Bach entlang verlaufende Strasse mit einer Länge von rund 1,5 km bis zur Muttenzer Kirche *St. Arbogast* ein (Beschreibung in Route 16). Mit dem Gang durch das schöne Dorf hindurch wird das 14er-Tram zur Rückfahrt nach Basel oder, mit Umsteigen, nach Dornach erreicht.

«Naturfenster» – Blick vom Sulzchopf auf Muttenz, die Hard und die dahinterliegenden Schwarzwaldhöhen

7 In den Oberbaselbieter Rebbergen

Maisprach – Buus – Wintersingen – Sissach

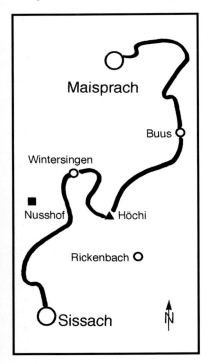

Wenn auch die letzten Trauben und Blätter aus den Rebbergen des Oberbaselbiets verschwunden sind – eine Wanderung auf dem Rebenweg Maisprach–Buus–Wintersingen–Sissach bietet interessante Begegnungen mit Weinbergen und manche schöne Ausblicke.

Distanzen und Marschzeiten: Maisprach–Buus ca. 4,5 km mit 200 m Anstieg = 1¾ bis 2 Std. Buus–Wintersingen ca. 6 km mit 140 m Anstieg = 2 bis 2¼ Std. Wintersingerhöchi–Bahnhof Sissach ca. 3 km mit rund 40 m Anstieg = etwa 1 Std.
Karten: Landeskarte 1:25'000, Blatt 1068 Sissach oder – weniger präzis – Wanderkarte des Jura 1:50'000, Blatt 2 Basel – Baselland – Olten.
Verpflegungsmöglichkeiten: in Buus und Wintersingen sowie Maisprach und Sissach.

Die Stationen dieser Wanderung sind, der Bezeichnung Rebenweg entsprechend, durchwegs dem Weinfreund bekannte Orte im Baselbiet.

Die Wanderung beginnt in Maisprach – «Maischbrg» –, einem typischen, am Hang des Sunnenbergs gelegenen Bauerndorf. 1180 als Meisprache, 1247 als Mesbrache in den Urkunden vermerkt, liegt der Ort auf altem Kulturboden. Auf dem Sunnenberg befand sich eine frühgeschichtliche Wehranlage. Das Dorf war um 1322 im Besitz der Grafen von Thierstein; 1461 ging es an die Stadt Basel über. 1546 brannte Maisprach grösstenteils nieder, und im Dreissigjährigen Krieg hatte es als Grenzort viel zu leiden. Bekannt ist der Maispracher Weinbau, den es schon zur Römerzeit gab. 1805 sagte man vom «roten Maisperger», er werde allgemein geschätzt und an den Tafeln der «Grossen und Reichen» getrunken.

Von der Postauto-Haltestelle Maisprach-Dorf geht es dem Wanderwegweiser Chlei Sunnenberg nach nordwärts. Über zwei Querstrassen hinweg wird auf einer Treppe am Schulhaus vorbei eine links aufwärts führende Strasse erreicht. Bald kommt der erste Weinberg in Sicht, der dem dahinter gelegenen Höhenzug gemäss *Sunnenberg* heisst. Der Rechtsabzweiger bei der ersten Wegkreuzung markiert den Beginn der Wanderung durch die Reben mit einem ebenen Weg quer dem Hang nach. Er öffnet zugleich den ersten prächtigen Ausblick auf die anmutige Hügellandschaft des Oberbaselbiets.

Dem Verlassen des Rebbergs folgt eine kurze Strassenwanderung, zuerst geradeaus leicht aufwärts, dann rechts gegen einen Bauernhof und vor diesem nochmals rechts abwärts bis zu dem nach links abzweigenden Naturweg Bündtenwinkel. Auf diesem geht es, zwischendurch wieder auf Asphalt, annähernd geradeaus in den nächsten Weinberg hinein, der *Röti* heisst, und wo erneut Naturbelag anzutreffen ist. Über eine Querstrasse hinweg ist, wieder auf einer Fahrstrasse, die Richtung gegen Süden einzuhalten, links am letzten Maispracher Rebberg vorbei aufwärts gegen den Wald zu.

Die Markierungen zum *Oberbaselbieter Rebenweg* fehlen zunächst noch; sie sollen von den Wanderwegen beider Basel, die sich auch um diese neue Strecke bemühen, demnächst angebracht werden. Dabei zu empfehlen wären auch kurze Hinweise auf die Traubensorten der Weinberge, wie sie am Markgräfler Wiiwegli anzutreffen sind.

An einer nächsten Verzweigung ist, nach einem Linksbogen, der Aufwärtsweg in den Wald hinein zu nehmen, wo bald ein Wegweiser die Richtung *Buus* anzeigt. Nach nicht ganz 500 m gelangt man zu den Buuser Reben im Gebiet *Laig*, wo sich der Blick auf das hübsche Dorf im Tal auftut. Am Waldrand wird der markierte Wanderweg verlassen und der links aufwärts weiter dem Wald entlang verlaufende Weg in wieder nördlicher Richtung genommen (wer sich diesen Anstieg um etwa 60 m und rund 1,5 km Weg ersparen möchte, kann rechts abwärts direkt nach Buus wandern).

Nach rechts über das Summerstal hinweg geht es bei der ersten Abzweigung zum zweiten Buuser Rebberg, dem *Schönenberg*, und diesem entlang auf einer Strasse rechts abwärts an einem Hofgebäude vorbei gegen das Dorf zu. Vom Dorf aus ist links oben ein weiterer, den schönen Namen Paradies tragender Rebberg zu sehen. Bei einer Strassenkreuzung ist die nach rechts dem Wegweiser Rheinfelden/Gelterkinden nach abzweigende Zuzgerstrasse zum Dorfzentrum zu wählen.

Die nächste Etappe beginnt an der Eckgasse in Buus gegen den Waldrand, an dem die Strasse rechts aufwärts einzuschlagen ist. Wenige Meter nach einem Steinbruch zweigt ein Naturweg rechts ab, der einen Rechtsbogen aufweist und dem Waldrand entlang leicht aufwärts führt. Er bietet nochmals die Aussicht auf Buus und auf seine Rebberge mit Wäldern und dem Höhenzug beim Hof Eigenried dahinter.

Ein erster Abzweiger in den Wald hinein bringt einen kurzen, mit rund 30 m Höhendifferenz allerdings nahrhaften Anstieg zu einer Fahrstrasse, auf der es rechts und kurz danach beim ersten Abzweiger links auf die *Höhrüti* geht mit einem herrlichen Rundblick auf das Oberbaselbieterland. Bei der nächsten Kreuzung ist

Blick von der Baregg oberhalb Buus auf die verschneiten Höhenzüge des Schwarzwalds

die nach rechts führende Strasse einzuschlagen, die unmittelbar darauf links und etwa 100 m weiter, bei einem Bauernhof, wieder rechts abbiegt. Im Norden zeigen sich in der weiten Landschaft die blauen Höhen der Schwarzwaldberge.

Vor dem *Hof Breitfeld* ist der rechtwinklig links abbiegende Weg und nach weiteren etwa 150 m an der nächsten Verzweigung erneut nach links gegen Süden zu wandern, etwa 5 km weit, nahezu eben bis zur *Rikkenbacherhöchi*. Von dort ist rechts abwärts und 400 m weit ein Strassenmarsch zu absolvieren, bis vor der Rechtskurve ein Feldweg rechts abzweigt, auf dem man, leicht steigend, zum Wintersinger Rebberg *Wiedholde* gelangt. Nach dessen Durchquerung geht es dem Hang entlang abwärts zur Fahrstrasse hinunter, die über eine Strecke von rund 1,5 km ins Dorf *Wintersingen* führt, unterhalb von weiteren Rebbergen.

Von Wintersingen zur Wintersingerhöchi sind etwa 2 km mit gut 160 m Höhendifferenz zurückzulegen, und das ohne Gang durch Rebberge. Die Benützung des nachmittags auch am Sonntag regelmässig fahrenden BLT-Busses zur Wintersingerhöchi (BLT-Station Sissacher Fluh) erspart einiges an Zeit und Mühe. Von dort ist dem Wegweiser Altbad/Sissach nach der rechts in den Wald hinein führende Wanderweg zu nehmen. Er gewährt zunächst eine prächtige Aussicht auf das Ergolztal und die dahinter gelegenen Jurahöhen, über denen auch ein Ausschnitt aus dem Alpenpanorama zu bewundern ist.

Ein mit dem gelben Wegweiser markierter Abzweiger nach links abwärts ist besser auszulassen zugunsten des Geradeausweges zu einer Waldstrasse, die an zwei Linksabzweigern vorbei in einen Querweg einmündet, auf welchem nach links weiter zu wandern ist. Der neue Rebberg, der unterhalb dieses Weges liegt, gehört zum Sissacher Weinbaugebiet Zelgli. Den Reben entlang ist zunächst rechts und dann beim Bauernhof links abzubiegen. Auf diesem Feldweg geht es wieder leicht aufwärts, bis kurz vor einem Bauernhof der Wanderwegweiser *Sissach* in spitzem Winkel rechts führt, zunächst nochmals aufwärts und in den Wald hinein, nach dessen Durchquerung geradeaus und dann abwärts, dem gelben Rhombus folgend, zur Metropole des Oberbaselbiets.

Weinland Baselbiet

Der Weinbau im Baselbiet erfreut nicht nur die Wanderer mit den vor allem im Herbst prächtigen Farben und mit den im Winter erkennbaren streng rhythmischen Strukturen der Rebberge. Er bietet vielmehr auch eine ausgezeichnete Qualität der zusehends mehr geschätzten Landweine an. Vor allem der köstliche Blauburgunder und der fruchtige Riesling×Sylvaner werden geschätzt. Auf diese beiden Sorten entfallen denn auch rund 60 bzw. 24% der heutigen Rebflächen im ganzen Kanton. Leider haben sich diese Flächen massiv vermindert von rund 65'000 Aren im Jahre 1868 auf noch gut 7100 Aren anno 1983. Dank einer spürbaren Weinbau-Renaissance und den guten Absatzmöglichkeiten für die Landweine wächst die Baselbieter Rebfläche seit 1960 wieder um rund 100 Aren pro Jahr. Im Bezirk Sissach, durch den der Oberbaselbieter Rebenweg führt, befinden sich etwa 2600 Aren Rebfläche, auf denen der Blauburgunder mit etwa 80% vorherrscht, während auf den Weisswein Riesling×Sylvaner gut 15% entfallen.

8 Durchs Ergolztal

Liestal – Sissach – Gelterkinden – Ormalingen – Rothenfluh

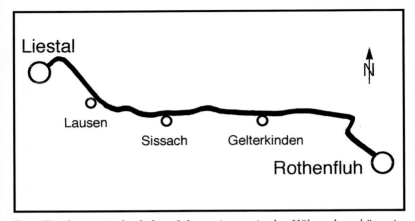

Eine Wanderung in der kalten Jahreszeit mag in der Höhe sehr schön sein, wenn damit ein Hochnebelfeld über dem Stadtgebiet ausgelassen werden kann. Eine Talroute hingegen schützt besser vor unguten Überraschungen durch hohen Schnee und bietet auch ihre Reize.

Distanzen und Marschzeiten: Liestal–Sissach 7 km = 2 bis 2¼ Std. Sissach–Gelterkinden ca. 3,5 km = 1 bis 1¼ Std. Gelterkinden–Ormalingen ca. 2 km = ½ bis ¾ Std.
Karten: Wanderkarte des Jura 1:50'000, Blatt 2 Basel – Baselland – Olten oder Landeskarte der Schweiz 1:25'000, Blatt 1068 Sissach.
Verpflegungsmöglichkeiten: in Liestal, Lausen (etwa 10 Minuten Distanz zwischen Wanderroute und Bahnhofstrasse mit Gaststätten), Sissach, Ormalingen und Rothenfluh.

Reizvolle Möglichkeiten im Winter bietet das Ergolztal. Ein Teil der nachstehend beschriebenen Wanderung ist zwar auf Asphalt zurückzulegen; die Chance für einen bei Schnee gepfadeten Weg ist jedoch um etliches grösser.

Wir beginnen in *Liestal*. Über Liestals Ursprung bestehen nur Vermutungen; sicher ist aber, dass sich auf dem höchsten Punkt eines Geländesporns zwischen Ergolz und Orisbach ein römisches Bauwerk erhoben hat. 1189 wird Liestal erstmals urkundlich als Dorf erwähnt. Durch die Eröffnung des Gotthardpasses erhielt es kurz darauf erhöhte Bedeutung, denn die Grafen von Froburg hatten die Wichtigkeit Liestals als Beherrscherin der Strassengabelung nach den beiden Hauensteinpässen erkannt und erhoben um 1240 Liestal zur befestigten Stadt, der sie auch das Marktrecht verliehen. Nach dem Zerfall der froburgischen Macht kaufte 1305 der Bischof von Basel die Herrschaft Liestal. Er schenkte ihr das Wappen mit dem roten Stab und trat dem Städtchen auch das Recht der Selbstverwaltung ab. Anno 1400 kam Liestal durch Kauf unter die Herrschaft der Stadt Basel. Doch blieb das Städtchen freiheitlich gesinnt und machte aus seiner oppositionellen Haltung keinen Hehl. So half es im Schwabenkrieg gegen die Weisung seiner neutralen Obrigkeit den nach Dornach ziehenden Eidgenossen, was zwei Ratsherren veranlasste, nach Basel zu melden: «Ir hand guot Schwyzer in emptern und hie in der statt.» Und immer wieder trotzte Liestal – so in den beiden Bauernkriegen von 1525 und 1653. In diesem «Liestal bien patriote», wie es Napoleon auf seiner Durchreise 1797 schmunzelnd nannte, stand das Jahr darauf der erste Freiheitsbaum der Schweiz, wenige Tage bevor das Baselbiet, unter Liestals Führung, als erstes Untertanenland der Schweiz die langersehnte Freiheit erlangte.

Der freiheitliche Geist und der Mangel an Gelehrten zogen von allen Seiten her Flüchtlinge in die junge Republik. Einem von ihnen, dem Freiheitssänger Georg Herwegh, ist ein Gedenkstein beim Gerichtsgebäude gewidmet. Damals wurde Liestal zum «Poetennest»: Wilhelm Senn, der Dichter des heimeligen Baselbieterliedes, Josef Viktor Widmann und sein Freund Carl Spitteler verlebten ihre Jugendjahre in der Baselbieter Residenz.

Vom Bahnhof Liestal aus geht es halbrechts dem Wegweiser Schleifenberg nach zum Rand des Städtlis (in Bahnhofnähe sind auch Parkplätze und eine Einstellhalle vorhanden). Nach Überquerung der *Ergolz* auf einer Strassenbrücke biegt man rechts ab, bis zu einem nächsten Wanderwegweiser, der nun auch die Talroute nach Sissach anzeigt. Die nicht stark befahrene Heidenlochstrasse führt in südöstlicher Richtung durch ein Wohnquartier, bis die Bebauung lockerer wird und von links her der Wald an die Fahrbahn kommt.

In den ersten Häusern von *Lausen*, dem gelben Rhombus nach und weiter auf einer Strasse, wandert man leicht links aufwärts, zwei nach rechts abzweigende Fusswege auslassend. Auf einer nächsten Abzweigung erreicht man die Gartenstrasse, die geradeaus zum Gartenweg führt, an dessen Ende ein paar Schritte nach rechts zum Abzweiger nach links in die Weihermattstrasse zu nehmen sind. Und dort beginnt – endlich – ein Wanderweg mit Naturbelag. Er verläuft, kurz nochmals auf Asphalt wechselnd, ungefähr in der Mitte des Breiten Tals, neben dem auf beiden Seiten bewaldete Höhenzüge liegen. Nach dem Durchqueren eines Waldstücks kann der geradeaus führende Wanderweg, der wieder asphaltiert ist, im rechten Winkel verlassen werden, um einen Fussweg direkt am Ufer der Ergolz zu erreichen. Rechts rauscht idyllisch der Fluss, dahinter lärmt die Autobahn, links öffnet sich eine Landwirtschaftsebene gegen den Hang des Limpergs zu, während vorne eine neue Siedlung von Sissach zu sehen ist.

Dann geht es, immer noch auf dem Uferweg, zur Autobahnbrücke und dort nach links zum signalisierten Wanderweg, der als asphaltierte Fahrstrasse gegen *Sissach* zu führt, bis nach dem Überqueren eines Baches rechts abgebogen werden kann zum andern Ufer der Ergolz (auf dieser Strecke sind keine Wanderzeichen

Wanderweg an der Ergolz bei Sissach

mehr zu sehen). An der Kläranlage vorbei wandert man bis zu einem Wohnquartier von Sissach, wo leicht nach links und dann auf einen schmalen Weg rechts abzubiegen ist, bis zu einer Fahrstrasse, die nach links über die Ergolz verläuft. Von dieser ist nach kurzem Aufstieg, dem Wanderwegweiser Richtung *Gelterkinden* nach, rechts abzubiegen.

Auf dem Bergweg und dann auf dem Rebackerweg wandert man gegen Gelterkinden zu, weiter in dem nun weniger stark bebauten Ergolztal, mit Blick gegen Südosten auf das Homburgertal. Vor dem Dorf Böckten wird die Bahnlinie unterquert und bei der nächsten Abzweigung nach links die Strasse gegen Gelterkinden zu genommen, welche zur Bahnlinie und unter dieser hindurch führt sowie darauf dem Bahndamm entlang bis zur Bahnhofunterführung.

Wer die Ergolztal-Wanderung fortsetzen möchte, kann vom Bahnhof aus rechts über die Durchgangsstrasse hinweg zu einer Seitenstrasse gelangen, die durch das Dorf hindurch unter der Bahn zum Wanderweg in Richtung *Ormalingen* führt. Der gelbe Rhombus zeigt von dort aus die Route nach *Rothenfluh*, die in der ersten Hälfte unterhalb des Waldes dem Hang zum Wischberg entlang und dann in der Flussebene verläuft. In Rothenfluh fährt über Ormalingen das Postauto zum Bahnhof Gelterkinden.

9 Wintergerechte Wanderroute

Biel/BL – Leymen – Flüh – Ettingen

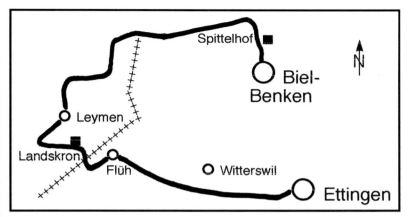

Wandern im Winter hat seinen besonderen Reiz. Wegen dem Schnee, dem Eis und dem kürzeren Tag wird bei der Marschdistanz jedoch ein wenig zurückgesteckt. Unsere zwölf Kilometer lange Route führt von Biel auf der nördlichen Flanke des Leimentals bis Leymen, über Flüh und dann auf der Südflanke des Tals nach Ettingen.

Distanzen und Marschzeiten: Biel–Leymen rund 5,5 km mit ca. 80 m Anstieg = 1½–1¾ Std. Leymen–Flüh rund 3 km und 160 m Anstieg = 1–1¼ Std. Flüh–Ettingen rund 3,5 km = ca. 1 Std.
Karten: Landeskarte der Schweiz 1:25'000, Blatt 1047 Arlesheim oder Wanderkarte des Jura 1:50'000, Blatt 2 Basel – Baselland – Olten.
Verpflegungsmöglichkeiten: in Biel-Benken, Leymen, Tannwald (Restaurant «Au Chasseur», Montag und Dienstag geschlossen), in Flüh und in Ettingen.

Ausgangspunkt der Wanderung ist das Landschäftler Dorf Biel, das mit der BLT-Buslinie 64 von Bottmingen aus erreicht wird. Von der Busstation aus sind ein paar Schritte geradeaus einzuschlagen, worauf nach rechts in die Schulgasse abgebogen wird. In leichter Steigung geht es geradeaus aufwärts, vorbei am Spittelhof (er gehört dem Basler Bürgerspital), dann in den Wald hinein und bei der ersten Abzweigung, dem Wanderwegweiser Richtung Oser-Denkmal folgend, nach links und weiter aufwärts dem Waldrand entlang.

Bei nassem Wetter kann der Weg über die Wiese dem Waldrand nach ausgelassen werden, indem der Wanderer 100 Meter weiter auf der Strasse in den Wald hinein geht und dann erst nach links abbiegt.

Auf der nächsten Strecke weiter dem Waldrand entlang bietet sich ein prächtiger Ausblick auf das Leimental und den Höhenzug des Blauen dahinter. Reizvolle Bilder zeichnen die Silhouetten der nackt gewordenen Bäume an den Hintergrund eines hellen Winterhimmels. Ziel einer ersten Etappe bildet das *Denkmal* für den Dichter-Pfarrer *Friedrich Oser* (1820–1891). Beim Denkmal befindet sich auch ein Picknickplatz.

Weiter werden ein paar Schritte in den Wald hinein zurückgelegt, wo nach links auf einen Fahrweg einzubiegen ist. Auf dem freien Feld nach dem Verlassen des Waldes, immer geradeaus, sieht man neben dem Ausblick auf das Leimental auch auf den Sundgau; rechts unten gegen den Waldrand liegt das Dorf Neuwiller. Auf dem schönen Weg über die Hochebene *Uf em Berg* hinweg wird die Weite dieser Landschaft zum Erlebnis. Nach etwas mehr als einem halben Kilometer geht es, über die Landesgrenze hinweg, wieder in den Wald hinein auf einem jener Elsässer Wege, die bei nassem Wetter infolge der Reitspuren gelegentlich einiges an Balancierkunst verlangen.

Aber es ist ein schönes Wandern durch einen stillen Wald, neben dem sich bald einmal zur Linken eine Lichtung auftut, die in der Folge überschritten wird. Auch hier wieder stehen die Baumkronen als fein ziselierte Scherenschnitte vor dem Himmel. Die Fortsetzung führt den Waldrand des Altenberges entlang und bei der ersten Abzweigung nach links ins Tal hinunter. Gegen *Leymen* zu mündet der seit dem Spittelhof auf Naturbelag verlaufene Weg in eine Asphaltstrasse nach rechts ein, die zwischen den Häusen des Dorfes hindurch zur Landstrasse Hagenthal–Leymen führt, auf der über den Birsig hinweg eine kurze Asphaltstrecke bis Leymen zu absolvieren ist.

Die zweite Etappe beginnt über die Rue de la Gare in Leymen als Strassenaufwärts-Weg gegen Süden mit einem blauen Rechteck auf weissem Grund als Wegweiser. Nach einem etwas mühsamen Anstieg wird das Geleise der BLT überschritten, dem Wegweiser Château du Landskron folgend. Eine Zeitlang wandert man auf Asphalt weiter aufwärts bis zur ersten Wegverzweigung, wo nach links auf einen schmäleren Weg mit Fahrverbot einzubiegen ist. An dieser Stelle darf aber ein Ausblick nach rechts in das Leimental nicht ausgelassen werden.

An der westlichen Flanke des Landskronberges geht es in angenehmer Steigung aufwärts, zuerst noch im Wald, dann über freies Gelände, während links die hellen Mauern der *Ruine Landskron* auftauchen. Beim kleinen Dorf *Tannwald* wird nach einem Anstieg von 115 Metern wieder die Schweizer Grenze erreicht. Links unten liegt Flüh in der Talsenke zwischen dem Landskron- und dem Bättwiler Berg, geradeaus ist noch Hofstetten zu sehen. Zwischen den Häusern des oberen Dorfteiles von *Flüh* geht es auf der Strasse abwärts bis zu einer Querstrasse, auf der nach links Flüh erreicht wird.

Die letzte Etappe führt dem Nordhang des Bättwiler Berges entlang

---

Hausfassade am Spittelhof in Biel-Benken

nach *Ettingen*. In Flüh zuerst ein Stück der Tramlinie nach und dann leicht rechts aufwärts auf einen schönen Wanderweg, auf dem Ettingen erreicht wird. Anfänglich im Wald, dann am Waldrand, bleibt der Wanderer zwar im Schatten der beiden erwähnten Berge; der mit einem gelben Rhombus gekennzeichnete Weg ist dafür angenehm und öffnet eine weite Aussicht gegen Norden. Besonders schön in dieser Wanderstunde, die sich jetzt im Winter in den Abend hineinziehen kann, sind die zarten Farben des eindunkelnden Himmels, der Felder in ihren verschiedenen Grüntönen und der braunen Äcker, soweit sich nicht schon das Weiss des Winters darüber gelegt hat.

Ettingen hat ursprünglich aus drei Höfen bestanden. Es verdankt seinen Namen vermutlich einem «Etto Hatto». Urkundlich erstmals 1323 erwähnt, gehörte Ettingen in den frühesten bekannten Zeiten zusammen mit Therwil dem Kloster Reichenau am Bodensee. Als 1543 die Thiersteiner ausstarben, kam Ettingen mit Therwil an Solothurn. 1583 wurde Ettingen durch eine grosse Feuersbrunst fast vollständig zerstört. Mit den Häusern gingen auch die Ernte, das meiste Vieh und selbst einige Menschen zugrunde. Am 20. März 1815 wurde Ettingen dem Kanton Basel einverleibt, und 1833 kam das Dorf mit den übrigen Gemeinden der Landschaft zum Kanton Baselland.

Der alte Dorfteil präsentiert sich als einer der schönsten im Birsigtal. In der Dorfkirche hat 1953 der Oberwiler Kunstmaler Jakob Dübln Chor und Schiff mit neuen Bildern (in Sgraffito) kunstvoll ausgestattet.

Friedrich-Oser-Denkmal

Der Dichter-Pfarrer Friedrich Oser wurde am 29. Februar 1820 in Basel geboren. Studium der Theologie, weitere Ausbildung in Deutschland. Von 1844 an während 22 Jahren Pfarrer in Waldenburg. 1866 Übernahme des Pfarramtes der Strafanstalt Basel. 1884 bis zum Tod am 15. Dezember 1891 Pfarrer der Landgemeinde Biel-Benken. «Kreuz- und Trostlieder» im Jahre 1856, weitere Werke in der Basler Zeit: «Weltliches Liederbuch» (1875), Sammlung von Reimsprüchen (1879) und «Neue Lieder» (1888), darin das Vaterlandsgedicht «Das weisse Kreuz im roten Feld».

10 Badische Rheinebene und Rebhänge

Eimeldingen – Efringen – Eimeldingen

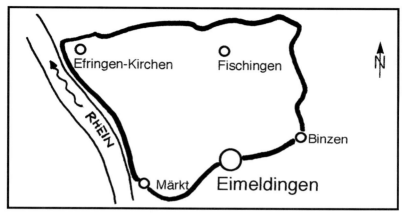

Einen ganz eigenen Reiz bietet eine winterliche Wanderung in der badischen Rheinebene und durch die Rebhänge von Märkt nach Binzen.

Distanzen und Marschzeiten: Eimeldingen–Efringen rund 8,5 km = 2½ Std. Efringen–Eimeldingen rund 8,5 km mit gegen 100 m Anstieg = 2½ bis 2¾ Std.
Abkürzungsmöglichkeit um 2 km auf der zweiten Etappe: beim Wiiwegli-Abzweiger nach Überquerung des Feuerbaches und der Strasse geradeaus durch die Ebene und in der Nähe einer Hochspannungsleitung auf die halbrechts abzweigende Strasse nach Eimeldingen.
Karten: Karte Wiesental 1:50'000 des Schwarzwaldvereins oder Topographische Karte 1:25'000 des Landesvermessungsamtes Baden-Württemberg, Blatt 8311 Lörrach.
Verpflegungsmöglichkeiten: in Märkt, Istein, Efringen, Binzen und Eimeldingen.

Ausgangspunkt ist Eimeldingen in der badischen Nachbarschaft, das auf der Bundesstrasse 3 oder mit der Bahn (Badischer Bahnhof ab: 9.34 Uhr) leicht zu erreichen ist. Die erste Etappe bis *Märkt* verläuft der entsprechend angeschriebenen Strasse nach auf dem linksseitigen Trottoir (der Fussweg nach der Bahnunterführung ist auszulassen) und biegt nach dem Verlassen des Baugebietes nach links auf einen Feldweg ab, der einem Wäldchen entlang und nachher in dieses hinein führt. Auf diesem Weg geht es annähernd geradeaus bis zur Strasse Mittleres Holz und auf dieser gegen die Kirche zu, auf deren Dach sich ein grosses Storchennest befindet. Die Bewohner dieses Nestes bleiben, da sie gefüttert werden, auch im Winter in Märkt.

Bei der Kirche wandert man nach links auf der Strasse über die Autobahnbrücke gegen den Rhein zu. Etwa ½ km lang ist dabei eine Strassenwanderung in Kauf zu nehmen, bis ein Fahrweg nach rechts abbiegt, zum Waldparkplatz *Im Wörth* führt, von wo aus in ein paar Schritten das Rheinufer erreicht wird. Links aufwärts steht das Stauwehr Märkt, wo der Rheinseitenkanal beginnt. Durch die Streben hindurch sind bei klarem Wetter die schneebedeckten Jurahöhen zu sehen. Der Wanderer aber marschiert nach rechts, auf dem bequemen Weg mit Naturbelag dem Rheinufer entlang.

Der Altrhein, dem mit dem Bau des Kanals einiges an Wasser weggenommen worden ist, fliesst träge dahin. Die unverbauten Ufer sind links und rechts von den Silhouetten kahler Bäume und Büsche gesäumt. Der Rheinauenweg ist durch einen blauen Rhombus mit blauen Wellenlinien gekennzeichnet.

Der Weg mag als monoton empfunden werden, doch das Bild des Stromes mit ungezählten Wasservögeln und Felsen und kleinen Inseln ändert sich immer wieder. Das Rauschen der beiden uralten Elemente, des Windes und des Wassers, mischt sich mit dem aus unserer Zeit geborenen Lärm der Autobahn.

Nach gut 3 km verlässt der Wanderer den vor allem an Sonntagen von vielen Spaziergängern belebten Rheinauenweg und wendet sich, dem Wegweiser *Istein* folgend, rechts unter der Autobahn hindurch gegen den *Isteiner Klotz* zu. Rechts an Istein vorbei und auf dem schmalen Weg in östlicher Richtung gegen Efringen zu, bis am Ende der asphaltierten Strecke ein Fussweg nach links gegen den Hang zu und unterhalb der Eisenbahnlinie wieder nach rechts abbiegt. Zwischen den Geleisen und einer Obstplantage führt der Feldweg nach *Efringen*, wo er in eine Strasse einmündet.

Bei der nächsten Querstrasse links und vor der Bahnlinie auf dem Fussweg rechts, dann links unter der Bahn hindurch gegen das gelbe Gebäude des alten Rathauses, wo das *Markgräfler Wiiwegli* in steilem Winkel rechts abbiegt. Zu Beginn ist das Trottoir links und dann rechts der Strasse zu benützen, dem Rhombus mit der gelben Traube auf rotem Grund nach, über die Kreuzung mit der B3 hinweg geradeaus auf die zum Glück wenig befahrene Strasse in Richtung Efringen. Auf dieser geht es nach Osten, halbrechts über den Feuerbach hinweg zu einer Querstrasse, dort einige Schritte nach rechts und dann wieder nach links auf den mit dem Wiiwegli-Rhombus gekennzeichneten Fahrweg. Nach etwa 300 m zweigt das Wiiwegli, auch auf dem Boden signalisiert, links ab und steigt gegen Osten hügelan in die Reben hinauf. Immer dem Trauben-Rhombus folgend, überquert der Wanderer eine Fahrstrasse und marschiert weiter aufwärts, bis er nach einem Anstieg von insgesamt gegen 100 m den höchsten Punkt des Wiiweglis erreicht.

Teils eben, teils abwärts wandert man auf der Höhe und dann ins Tal hinunter gegen *Binzen*. Die weiten

---

Kirche in Märkt mit dem bewohnten Storchennest

Ausblicke in dunkelblaue Schwarzwaldhöhen und über die Rheinebene hinweg zu den Vogesen und zum Jura lohnen die kleine Mühe des vorherigen Anstiegs. In Binzen mündet das Wiiwegli in eine Querstrasse ein, die nach rechts gegen Fischingen führt. Nicht ganz ½ km lang dieser Strasse folgend, biegt die Wanderroute bei der ersten Abzweigung nach links über das freie Feld hinweg auf eine Strasse zurück nach *Eimeldingen* ab.

Die Bahnverbindungen mit Eimeldingen sind recht spärlich. Am Vormittag steht der erwähnte Zug, Badischer Bahnhof ab: 9.34 Uhr, zur Verfügung; die Rückfahrt ab Eimeldingen kann Montag bis Freitag um 17.51 oder 18.52 Uhr erfolgen, an beiden Wochenendtagen aber nur um 16.06 oder dann um 19.13 Uhr.

Markgräfler Wein

Aus Kleinasien soll sie den Weg nach Europa gefunden haben, jene Gutedelrebe, die von Markgraf Karl Friedrich von Baden vor über 200 Jahren vom Genfersee ins Markgräflerland – die «Toscana Deutschlands» – gebracht wurde. Inzwischen ist sie die Spezialität unter den hier angebauten Rebsorten. Die Gunst der Landschaft und des milden Klimas spiegelt sich in wohlklingenden Namen wie «Paradies» oder «Himmelsstiege», «Rosenberg» und «Sonnenstück» sowie in anderen bekannten Weinlagen wider. Die typischen Weine des Markgräflerlandes sind der «Gutedel», der «Müller-Thurgau», der «Nobling», der «Weissburgunder» und auch der «Spätburgunder Rotwein», der «Ruländer» sowie der «Gewürztraminer».

Die Markgräfler Gastronomie hat Tradition. Neben all den Weinen wird dem Gast im «Hirschen», in der «Krone» oder im «Adler» aus der Küche auch Urbadisches in seiner ganzen Vielfalt geboten: vom «Schäufele mit Kartoffelsalat» bis zum «Rehrücken mit handgemachten Spätzle», aber auch deftige Zwiebelkuchen, ein Korb voll frischer Nüsse oder selbstgebackenes Bauernbrot, das zum «Neue Wy» ganz besonders gut mundet.

11   Besinnliche Dreiwasserwanderung

Pratteln – Hülftenschanz – Augst – Schweizerhalle – Birsfelden

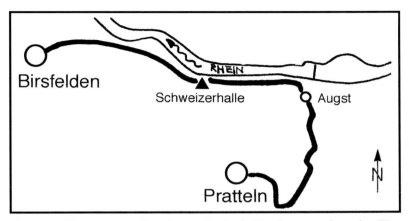

Für einen Wintertag eine fast eben verlaufende Wanderung entlang den Wasserläufen des Weiherbächleins, der Ergolz und des Rheins.

Distanzen und Marschzeiten: Pratteln–Hülftenschanz–Augst rund 5,5 km = 1¼–1½ Std. Augst–Schweizerhalle rund 3 km = ¾ Std. Schweizerhalle–Birsfelden rund 4,5 km = 1¼–1½ Std.
Karten: Landeskarte 1:25'000, Blatt 1068 Sissach oder Spezialkarte des Jura, Blatt 2 (höchstens für die erste Etappe nötig, Rheinufer- und Hardweg gut markiert).
Verpflegungsmöglichkeiten: in Augst und Schweizerhalle sowie im Waldhaus.

Der Wanderer benützt das 14er-Tram bis zur Endstation in Pratteln und marschiert von dort aus in östlicher Richtung zunächst ein Stück weit dem Wendegeleise nach, am Gottesacker vorbei und weiter auf der Gartenstrasse durch ein Pratteler Wohnquartier immer geradeaus bis zu ihrer Einmündung in eine Querstrasse. Auf dieser geht es rechts und gleich wieder nach links in den Mühleweg, geradeaus durch diesen bis zu den Bahngeleisen. Die Fortsetzung der Bahn entlang ist dank einem Fahrverbot angenehmer; beim ersten nach rechts abbiegenden Weg gegen den Wald zu und an dessen Rand wieder nach links. Den nächsten Linksabbieger trifft der Wanderer vor der Familiengarten-Siedlung an; er folgt ihm bis zu dem kleinen Wäldchen, wo ein Wegweiser rechts aufwärts zur *Hülftenschanz* zeigt.
Der Gang hinauf zum Gedenkstein «Zur Erinnerung an den Freiheitskampf des Baselbieter Volkes am

49

3. August 1833» wird wohl auch bei einem Stadtbasler heutzutage keine bitteren Gefühle mehr auslösen. Wieder auf dem ursprünglichen Weg, folgt der Wanderer dem Weiherbächlein unter der Bahn hindurch in ein romantisches Tal bis zur Ergolz. Die Strasse Liestal–Pratteln wird in einem Tunnel unterquert, nachdem mit einem Knopfdruck dessen Beleuchtung eingeschaltet worden ist. Weiter durch das Ergolztal abwärts, auf einem Fussweg zwischen dem Kanal für Forellenzucht und dem Fluss, an manchen romantischen Partien vorbei.

Zwischen dem Uferwald und einer Landwirtschaftsfläche geht es weiter bis zur Autobahn und unter dieser hindurch nach *Augst*, in einer nicht mehr so romantischen Landschaft. Neben dem Weg fliesst die Ergolz, ein einst stark verschmutzter, jetzt aber wieder recht sauberer Fluss.

Augst erhielt seinen Namen 44 v.Chr. vom römischen Kaiser Augustus. Damals hiess der Ort Augusta Raurica und war die Hauptstadt Rauraciens. Lange Zeit Knotenpunkt der grossen Heerstrassen durch Rätien, Helvetien und Sequanien, wurde Augusta Raurica in der 2. Hälfte des 4. Jh. nach und nach von den Alemannen zerstört und im 5. Jh. endgültig erledigt. Die alte Stadt lag grösstenteils zwischen Ergolz und Violenbach und war eine der grössten römischen Städte nördlich der Alpen. Die Wohnquartiere und die Staatsgebäude standen auf Kastelen, Schönbühl und Grienmatt. Auf Kastelen befand sich auch ein Marktplatz (Forum) mit Markthalle und ein Tempel. Die grosse Wasserleitung, die sich als mannshoher Gang an den Hängen der rechten Seite des Ergolztals hinzieht, gehört zu den ältesten schriftlich bezeugten Ruinen von Augst. Auf Schönbühl stand zudem das imposante Theater mit der Arena. Nach der Zahl der Sitzplätze im Amphitheater nimmt man an, dass die antike Stadt 30 000 bis 40 000 Einwohner zählte. Beträchtliche Reste der Stadt liegen noch begraben.

Die nächste Etappe verläuft immer noch der Ergolz nach abwärts gegen den Rhein zu und dann am Stausee und am summenden Kraftwerk vorbei auf den Wanderweg direkt am Ufer des Stromes. Der Rheinuferweg bis *Schweizerhalle* ist ein friedlicher, stiller und angenehmer Pfad ein paar Meter über dem Wasser am Uferhang, mit Blick auf den leise dahinziehenden Rhein, auf das gegenüberliegende Ufer und die ersten Schwarzwaldhöhen dahinter, während stromabwärts die mächtigen Bauten des Auhafens in Sicht kommen. Dieser Weg erlaubt ein leichtes Wandern neben dem gegenüber früher ebenfalls wieder ziemlich sauber gewordenen Wasser, an zahlreichen Fischergalgen vorbei, die ihren einstigen Namen *Salmenwaagen* heute allerdings zu Unrecht tragen. Bei den Bauten der Salinen Schweizerhalle kann links aufwärts die Strasse mit Gaststätten und Autobusverbindung erreicht werden.

Die letzte Wanderetappe führt erneut dem Rhein entlang zum *Auhafen* und hernach durch die Hard zum *Waldhaus* sowie dem markierten Wanderweg nach zur Endstation des 3er-Trams in *Birsfelden*.

Gedenkstein «3. August 1833» auf der Hülftenschanz

12 Von Brüglingen zur Schönmatt

Brüglingen Birsbrücke – Schönmatt – Eremitage – Dornachbrugg – Brüglingen

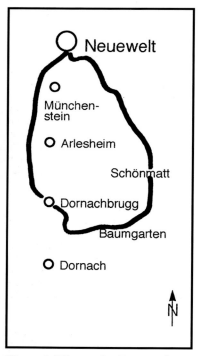

Distanzen und Marschzeiten: Brüglingen ist sowohl mit dem öffentlichen als auch mit dem privaten Verkehrsmittel leicht erreichbar. Birsbrücke–Schönmatt rund 6 km mit gegen 350 m Anstieg = 1¾ Std. Schönmatt–Eremitage 4 km = 1¼ Std. Eremitage–Dornachbrugg 2 km = ½ Std. Dornachbrugg–Brüglingen 5 km = 1¼ bis 1½ Std. Wer die Wanderung um gut 1¼ Std. abkürzen möchte, kann auf den Birsuferweg verzichten und mit der BLT-Linie 10 zur Haltestelle oberhalb Brüglingens zurückfahren.
Karten: Landeskarte der Schweiz 1:25'000, Blatt 1067 Arlesheim oder Wanderkarte des Jura 1:50'000, Blatt 2 Basel – Baselland – Olten.
Verpflegungsmöglichkeiten: auf Schönmatt (Montag und Dienstag geschlossen) sowie in Arlesheim und Dornachbrugg, nicht zu vergessen Brüglingen.

Wenn mit Schnee oder Eis zu rechnen ist, sind leichte Wanderstrecken vorzuziehen. Eine solche bietet sich vom reizvollen Brüglinger Gebiet aus durch die Rütihard zur Schönmatt und von dort über Arlesheim zum Birsuferweg zurück nach Basel.

Zu Beginn lohnt sich ein Verweilen in den von der Grün 80 «vererbten» schönen Anlagen von Brüglingen. Vom Brüglinger Areal aus geht es am «Dino» vorbei zur heimeligen alten Holzbrücke über die Birs und dann auf dem Uferweg nach rechts aufwärts, zunächst neben der Betonmauer der T 18 und dann, immer der Birs entlang, auf die andere Seite dieser stark befahrenen Strasse.

Bei der zweiten Abzweigung nach links wechselt der Wanderer die Richtung; er marschiert einem baumbestandenen Bach nach gegen den Wald zu und über die alte Fahrstrasse hinweg geradeaus leicht aufwärts. Es ist ein schönes Wandern, weitab vom Verkehrslärm, auf einer angenehmen Waldstrasse zwischen hohen Stämmen. Am oberen Waldrand gegen die Hochebene der Rütihard gelangt man nach rechts auf den mit einem gelben Rhombus gezeichneten Wanderweg, der ein Stück weit im Wald und dann auf der Ebene verläuft, bis er wieder in den Wald hineingelangt. Bei der nächsten Verzweigung geht es links aufwärts, wiederum dem gelben Rhombus nach.

Weiter zum Wald hinaus, nach rechts ein kleines Stück der Fahrstrasse und dann wieder nach links dem Wegweiser Schönmatt nach. Unter der Hochspannungsleitung hindurch auf eine Lichtung, die den Ausblick auf den Wartenberg über Muttenz hinweg bis zum Wahrzeichen des Chrischona-Turmes gewährt.

Bei der nächsten Abzweigung rechts und ein Stück weit steiler aufwärts, nachher eben, beim Wegweiserkreuz nach links dem Waldrand nach wieder in den Wald hinein. Bis zur *Schönmatt*, zum Wald hinaus, ein Stück weit der Fahrstrasse nach. Das Restaurant bietet willkommene Gelegenheit zu Rast und Verpflegung.

Die nächste Etappe führt etwa 1 km der Fahrstrasse nach bis zu der unterhalb der Gebäudegruppe *Stollenhäuser* nach rechts abbiegenden Strasse, die ebenfalls asphaltiert, aber mit einem Fahrverbot für den Durchgangsverkehr belegt ist. Auf dieser Strecke von etwa 1,2 km Länge wird der Hof *Im Baumgarten* erreicht, von wo es rechts abwärts in den Wald hineingeht.

Auf der nächsten Verzweigung (Finsterer Boden) folgt der Wanderer dem Wegweiser Schloss Dorneck-Dornach nach halbrechts, wobei er wieder auf einen Weg mit Naturbelag kommt. Auf diesem ziemlich steil abwärts bis zur Strasse, über diese hinweg nach links durch ein Waldstück und dann übers freie Feld abwärts. Ein Stück weit der Strasse nach (zum Restaurant *Schlosshof* sind es ein paar hundert Meter) und dann rechts abwärts gegen den Wald zu in Richtung *Arlesheim*. Dort nach rechts auf den angeschriebenen Rundwanderweg.

Der schöne Waldweg führt, nur kurz durch ein Strassenstück unterbrochen, bis hinunter gegen die Eremitage. Im Tal unten links geht der Wanderer auf die beiden Türme des Doms von Arlesheim zu und auf den prachtvollen Domplatz.

Arlesheim ist Hauptort des gleichnamigen Bezirks und damit Sitz der Bezirksverwaltung. Anno 708 wird es erstmals urkundlich als Hofsiedlung genannt. Bis 1239 war es im Besitz des Klosters Hohenburg im Elsass. Es war den Vögten des Klosters unterstellt, den Habsburgern und später den Froburg-Homburgern. Letztere hatten die beiden Burgen Birseck gebaut und auch bewohnt. 1239 kam Arlesheim an das Fürstbistum Basel. Der bischöfliche Dienstmann Reich bezog eine der beiden Burgen und nannte sie Reichenstein. Sie steht links oberhalb des Dorfes und ist heute in Privatbesitz.

1244 nahm der Bischof persönlich Wohnsitz auf Birseck. 1529 wurde Arlesheim reformiert, 1581 aber durch den Bischof Jakob Christoph Blarer von Wartensee wieder katholisch. Das Domkapitel siedelte 1679 von Freiburg nach Arlesheim über, wo Domkirche und Domherrensitz erbaut wurden. 1681 war der im Ba-

Die Nepomuk-Brücke spannt sich bei Dornachbrugg über die Birs.

rockstil gehaltene Bau fertiggestellt, 1759-1761 wurde die Kirche restauriert. Sie besitzt einen wundervollen Hochaltar und prachtvolles Chorgestühl. Die Fresken an der Decke stammen von Josef Anton Appiani und das Altargemälde von Deschwanden. Die beiden Zwiebeltürme weisen schöne Rokoko-Ornamentik auf. Die den Domplatz umschliessenden Domherrenhäuser sind heute teils Staats-, teils Gemeindebesitz. 1793 wurde Arlesheim der Raurachischen Republik einverleibt und das Domkapitel vertrieben. 1815 wurde durch den Wiener Kongress Arlesheim dem Kanton Basel zugesprochen.

Vom Domplatz aus folgt der Wanderer nach links der Strasse längs der Tramlinie bis hinunter zum Bahnhof Dornach, biegt dort leicht rechts ab gegen die Birs zu, überquert diese auf der Nepomuk-Brücke und benutzt von dort an den Birsuferweg bis hinunter gegen St. Jakob.

Eine Routenbeschreibung erübrigt sich hier, da für diese Strecke weder Kompass noch Karte nötig sind.

13 Gepfadete Wege um Rheinfelden

Rheinfelden – Dorn – Magden – Rheinfelden

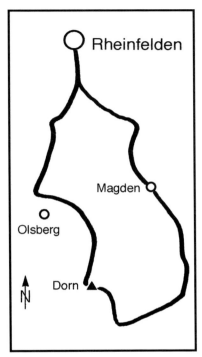

Obwohl der Frühling sich schon ankündigt, ist im Februar noch mit Schnee und Eis zu rechnen. Für eine Winterwanderung empfiehlt sich daher eine Route mit gepfadeten Wegen. Zum Beispiel der Rundgang von Rheinfelden über den Dorn nach Magden und dem Bach nach zurück zum Ausgangspunkt.

Distanzen und Marschzeiten: Rheinfelden–Dorn rund 4 km mit ca. 150 m Anstieg = 1¼ bis 1½ Std. Dorn–Magden rund 2,5 km = ¾ Std. Magden–Rheinfelden rund 3,5 km = 1 Std.
Karten: Landeskarte der Schweiz 1:25'000, Blatt 1068 Sissach oder Wanderkarte des Jura 1:50'000, Blatt 2 Basel – Baselland – Olten.
Verpflegungsmöglichkeiten: auf dem Dornhof (Montag und Dienstag geschlossen), in Magden sowie natürlich in Rheinfelden.

Unsere Wanderung beginnt in *Rheinfelden*, dem bekannten Badeort mit Saline, Solbad und Mineralquellen. Alte Türme und Mauern, teilweise noch gut erhalten, erinnern an die ehemalige Reichsstadt. Das Rathaus stammt aus dem Jahre 1530. Andere sehenswerte Baudenkmäler sind die Stadtkirche St. Martin, die Johanniterkapelle, der Storchennestturm und der Spitalbrunnen aus dem 16. Jahrhundert. Das Fricktalische Heimatmuseum birgt nicht nur für historisch Interessierte viele interessante Exponate aus verschiedenen Epochen.

Neben dem Bahnhofgebäude bietet sich eine Unterführung an, nach der es zuerst links und dann wieder rechts in südlicher Richtung geht. Die sowohl durch den gelben Rhombus eines Regio-Wanderweges als auch den rotgelben Rhombus des Jurahöhenweges bezeichnete Route verläuft zunächst durch Häuser hindurch auf einer Allee und dann über die Autobahn hinweg an den Waldrand.

Holz, gleich lang zersägt und sauber aufgeschichtet – Waldpflege ist eine Aufgabe für die kalte Jahreszeit.

An der mächtigen, 1891 gepflanzten Bundes-Eiche vorbei gelangt der Wanderer aufwärts in den Wald hinein, wo er zunächst auf Asphalt einen kurzen Anstieg in Kauf zu nehmen hat. Bald biegt die asphaltierte Strasse rechts ab, während der Höhenweg, nun auf Naturbelag, geradeaus in leichter Steigung durch den Wald verläuft. Die erste Wegkreuzung wird geradeaus überschritten; bei der Abzweigung des Höhen- bzw. Wanderweges nach rechts wird die Fahrstrasse beibehalten. Auf der angenehmen Waldstrasse geht es ständig geradeaus, zwei Abzweigungen nach links und nach halbrechts auslassend, bis zum Waldrand. Dort biegt die Route links ab, dem Waldrand und dann einer Lichtung entlang, bis die Strasse wieder nach rechts und bald erneut links abbiegt.

Von Osten bis Westen öffnet sich ein weiter Ausblick auf die Täler und Höhen und hinunter auf das Dorf Olsberg. Auch an winterlichen Tagen ist die Landschaft mit den dunkel bewaldeten Höhenzügen dahinter lieblich und abwechslungsreich mit den grünen Wiesen- und braunen Ackerflächen zwischen hellen Strassenzügen und ungezählten Obstbäumen. Beim *Hof Schönenberg* wird eine Kuppe des Höhenzugs erreicht, die nun auch den Blick auf den Schwarzwald und gegen die Sissacher Fluh öffnet. Es geht auf Asphalt weiter, über eine Querstrasse hinweg, wieder den beiden erwähnten Wanderwegweisern folgend.

Bei der nächsten Verzweigung auf der Höhe des Dorn, nahe beim Restaurant *Dornhof*, werden die beiden bezeichneten Wanderwege verlassen und die nach links gegen das Gasthaus führende Strasse genommen, bis nach wenigen Schritten eine rechts abzweigende Strasse kommt. Auf dieser geht es zunächst eben und bald einmal abwärts. Auch hier bietet sich ein schöner Ausblick auf eine sanfte Landschaft vor den dunklen Waldflächen in der Höhe. Beim ersten Hof *Uetlete* ist der Weg links abwärts ins Tal hinunter zu nehmen. Der anschliessende Abstieg ist ziemlich steil; bei Schnee oder Eis wird mit Vorteil das Grasbord neben der Asphaltstrasse begangen. Kurz danach kommen die ersten Häuser von *Magden* in Sicht.

Magden hat sich in den letzten Jahrzehnten merklich verändert. Um den Dorfkern herum sind viele Wohnhäuser und auch Villen entstanden, die von zugezogenen Städtern bewohnt werden, welche über die Autobahn rasch an ihren Arbeitsort in der Stadt und abends wieder zurück in die ländliche Umgebung gelangen können. Magden wird auch seines Quellwassers wegen geschätzt; der einen Qualität bedienen sich die Rheinfelder Bierbrauer, die andere, schwefelhaltige, wird für Trinkkuren verwendet.

Die letzte Etappe führt, etlichen Wanderwegzeichen folgend, durch das Dorf hindurch in nördlicher Richtung gegen Rheinfelden zu. Der links vom Magdener Bach gelegene Weg ist weitgehend eben und einfach zu begehen. In etwa einer Stunde gelangt der Wanderer zurück zur Bundes-Eiche und nach *Rheinfelden*.

Einen besonders an kalten Tagen reizvollen Schlusspunkt kann ein Bad in einem der verschiedenen Rheinfelder Solbäder mit angenehm warmem Wasser setzen.

14 Vorfrühling in der Hard

Birsfelden – Waldhaus – Schweizerhalle – Augst

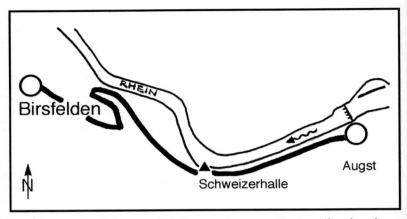

Den Namen «Hard» kennt wohl jedermann in unserer Region. Aber dass dieser Muttenzer Wald auch ein nettes Wandergebiet mit einigen Sehenswürdigkeiten sein kann, ist weniger bekannt. Besonders jetzt, da bereits die ersten Frühlingszeichen in der Natur aufleuchten, mag eine Hard- und Rheinuferwanderung Freude machen.

Distanzen und Marschzeiten: Birsfelden–Waldhaus (auf der beschriebenen Wanderung) ca. 4 km = 1¼ Std. Waldhaus–Schweizerhalle ca. 2,5 km = etwa ¾ Std. Schweizerhalle–Augst ca. 3 km = gut ¾ Std.
Karten: sind eigentlich unnötig, aber wenn: Landeskarte 1:25'000, Blatt 2505 Basel und Umgebung oder Jura-Wanderkarte 1:50'000, Blatt 2 Basel–Baselland – Olten.
Verpflegungsmöglichkeiten: Waldhaus (Montag Ruhetag), Schweizerhalle zwei Restaurants (beide am Samstag und Sonntag geschlossen), mehrere Gaststätten in Augst, Kaiseraugst, Rheinfelden und Frenkendorf.

Von der Endstation des 3er-Trams aus geht es, einem Wanderwegweiser in Richtung Muttenz folgend, in südöstlicher Richtung in den Wald hinein. Der angenehme, ebene Waldweg folgt dem gelben Rhombus über einen Autobahnanschluss und die Hafenbahn hinweg durch die Hard.

Der im Eigentum der Bürgergemeinde der Stadt Basel stehende Wald wirkt recht gepflegt nach den im Winter vorgenommenen Forstarbeiten. Verschiedentlich stehen Ruhebänke an der Route.

Nach nicht ganz einem Kilometer ist links vom Weg der eingehagte er-

Schiffsstation «Waldhaus» mit Blick auf das deutsche Rheinufer

ste Sickerweiher zu sehen. Diese künstlich angelegten, durch Drahtgitter vor Verschmutzung geschützten kleinen Seelein wirken mit ihrer spiegelnden Wasserfläche idyllisch und natürlich. Das gleiche gilt für die Sikkergräben mit klarem Wasser.

Schön ist auch das ebenfalls eingehagte Tier- und Vogelschutzreservat. Dort sind immer wieder verschiedene Vogelarten zu sehen und zu hören. Wo der bezeichnete Wanderweg auf einer Fahrstrasse nach rechts abbiegt, geht es zuerst geradeaus und dann halblinks weiter. In östlicher Richtung wandernd, gelangt man auf einen Waldfahrweg durch die obere Hard, von dem aus gegen Süden der Hügelzug des Wartenbergs und gegen Osten die Chemiebauten von Schweizerhalle zu sehen sind.

Vor dem Ende des Waldes ist der in schrägem Winkel links abbiegende Weg einzuschlagen; durch die kahlen Stämme hindurch sind die Schwarzwaldhöhen zu erblicken. Die neue Wegrichtung ist, an einem Rechtsabzweiger vorbei, einzuhalten bis zur Landstrasse durch die Hard. Diese wird überquert zu einem mit Fahrverbot belegten Waldweg bis zu einem Linksabzweiger, auf dem es wieder nach Westen geht. Dabei können verschiedene Stadien der Forstarbeiten vom Auslichten bis zu Neupflanzungen und zum Jungwald sowie rechts vom Waldweg Grundwasserpumpen beobachtet werden. Auf dieser Waldstrasse wird eine Querstrasse erreicht, die zum Restaurant *Waldhaus* und zum Rheinufer führt.

Die nächste Etappe verläuft dem Ufer entlang stromaufwärts. Auch auf diesem erneut durch einen gelben Rhombus signalisierten Wanderweg ist die Nähe der Stadt zu spüren: Auf dem rechten Ufer des Stromes liegen mächtige Bauten der Basler Chemie auf deutschem Boden, unterhalb des Weges sind die ebenfalls gewaltigen Anlagen des Auhafens zu sehen.

Der Weg durch den Hardwald mit seinen hochragenden, meist schmalen Bäumen ist leicht zu begehen. An den Mauern eines römischen Wachtturms vorbei führt der Wanderweg auf einem Waldhang abwärts zu einer rechts und links vergitterten Passage zwischen Grosstanks des Auhafens und Chemiegebäuden von *Schweizerhalle*. Über eine Passerelle gelangt man auf einen unmittelbar am Ufer verlaufenden Weg, auf dem wieder die Natur im Vordergrund steht, mit der Uferbepflanzung, der weiten Wasserfläche, mit Bäumen am gegenüberliegenden Ufer und Schwarzwaldhöhen dahinter; zur Rechten allerdings ragen Industriebauten auf.

Rund 2,5 km vom Waldhaus entfernt wird auf dem Uferweg die Zwischenhalt-Schiffsstation Schweizerhalle erreicht. Von dort geht es ein paar Schritte rechts aufwärts zum Restaurant *Solbad* oder/und auf dem Rheinuferweg etwa 3 km weit zum Kraftwerk Augst, vorbei an einer Reihe von Fischergalgen, mit denen anders als in vergangenen Epochen heutzutage keine Lachse mehr herausgezogen werden können.

In *Augst* bieten sich nach dem Gang durch das hübsche, parkartige Kraftwerkareal drei Möglichkeiten: Fahrt mit dem Reigoldswiler-Bus zurück nach Birsfelden respektive Basel. Weiterwandern auf dem Uferweg nach Rheinfelden (rund 6,5 km) oder der Ergolz nach zum Bahnhof Frenkendorf (ca. 4 km); beide Routen sind als Wanderwege markiert.

Trinkwasser aus der Hard

Das von der Trinkwasser AG Pratteln, einem Gemeinschaftswerk der Kantone Basel-Stadt und Basclland, in der Muttenzer Hard erstellte Grundwasserwerk sichert zusammen mit dem Grundwasser aus den Langen Erlen und dem Quellwasser aus dem Pelzmühletal die Trinkwasserversorgung der Stadt Basel wie auch von Baselbieter Gemeinden. Das natürliche, aber harte Grundwasser in der Hard wird seit bald vier Jahrzehnten mit Rheinwasser angereichert. Dieses wird etwa 800 m unterhalb des Kraftwerks Augst in 50 m Entfernung vom Ufer dem Strom entnommen und zu einer Sand-Schnellfilter-Anlage gepumpt, um es von Schwebstoffen weitgehend zu befreien. In einer Betonleitung fliesst das Rheinwasser hierauf zu den Sickergräben und -weihern in der südlichen Hard. Es dringt durch den Schotter in den Untergrund ein, wo es das natürliche Grundwasser anreichert.

Durch natürliche Reinigungskräfte, insbesondere biochemische Prozesse, wird das versickerte Wasser während der Verweilzeit von 20 bis 50 Tagen in Trinkwasser umgewandelt. Von den Filterrohrbrunnen fliesst das Wasser nach dem Reservoir Zentrale West der Betriebsgesellschaft, wo es den beiden Kantonen für die Weiterleitung in ihre Verteilnetze zur Verfügung steht.

15 Ausflug auf den Tüllinger Hügel

Parkplatz Weilstrasse – Obertüllingen – Ötlingen – Parkplatz Weilstrasse

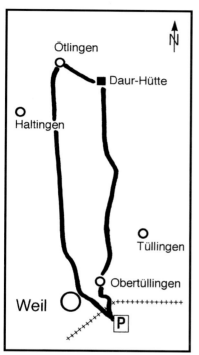

Distanzen und Marschzeiten: Parkplatz Weilstrasse–Obertüllingen ca. 1 km + 135 m Anstieg = ½ bis ¾ Std. Obertüllingen–Ötlingen ca. 4 km = 1 bis 1¼ Std. Ötlingen–Parkplatz Weilstrasse ca. 4,5 km = 1¼ bis 1½ Std. (Distanz Tramstation-Parkplatz Weilstrasse: ca. 700 m!)
Verlängerungsmöglichkeit: Vom Parkplatz aus der Wiese entlang rechts oder links abwärts und über die erste Brücke zum Rückweg aufs andere Ufer.
Karten (es geht auch ohne): Landeskarte der Schweiz 1:25'000, Blatt 1047 Basel oder Wanderkarte 1:50'000 des Landesvermessungsamtes Baden-Württemberg, Blatt 8 Belchen – Wiesental.
Verpflegungsmöglichkeiten: In Ötlingen Gasthaus Dreiländerblick (Dienstag und Mittwoch geschlossen), Gasthaus Ochsen (Donnerstag und Freitag geschlossen); verschiedene Restaurants in Weil sowie der Wiesengarten an der Weilstrasse (Montag und Dienstag geschlossen).

Zur Wanderung an einem hellen Frühlingstag gehört neben dem Gang durch blühende Büsche und Bäume auch eine weite Aussicht. Der bewaldete Käferholzhügel zwischen Tüllingen und Ötlingen bietet nahe bei Riehen einmalige Ausblicke über die ganze Region.

Vom Parkplatz beim Schwimmbad Riehen aus, der sowohl mit dem Auto als auch mit dem Tram (Nr. 6, bis Haltestelle Weilstrasse) leicht erreichbar ist, muss zunächst ein Anstieg von rund 135 Metern bewältigt werden. In der jetzigen Jahreszeit, da auch bei Sonnenschein keine Hitze zu befürchten ist, macht das Wandern weniger Mühe als im Sommer. Wegweiser sind der rote Rhombus des Westweges Pforzheim–Basel und ein gelber Rhombus.

Es geht, teils auf Treppen, anhaltend aufwärts, ein Stück weit auf Naturbelag nach dem Linksabzweigen von der asphaltierten Strasse, darauf wieder auf Asphalt rechts und erneut links. Eine Entschädigung für die Aufwärtsmühe bieten die am Weg gelegenen Familiengärten mit ihren Frühlingsblüten und dann die Rebberge, wo der begehrte «Schlipfer» (Riesling×Sylvaner und Blauburgunder) wächst, aber auch die zwischenhinein bei einem Ausruhen zu geniessende Aussicht.

Nach Erreichen der Fahrstrasse geht es ein paar Schritte nach links und sofort wieder nach rechts hangaufwärts, immer dem roten Rhombus auf weissem Grund nach. Ein letzter steiler Anstieg zur Kirche von *Obertüllingen* wird mit einer grossartigen Aussicht auf das Wiesental mit seinen bewaldeten Hängen sowie auf die Schweiz bis zu den Jurahöhen und ins Elsass bis zu den Vogesen belohnt.

Der Tüllinger Hügel mit der weithin sichtbaren Kirche ist besonders für Riehener Maler zu einem beliebten Sujet geworden. Die als Hügel erscheinende Anhöhe gehört, geologisch gesehen, nicht zum Schwarzwald, sondern zum Rheingraben. Tüllingen teilt sich in die beiden Ortsteile *Obertüllingen* mit dem markanten Kirchlein als Mittelpunkt und *Untertüllingen* mit seinem sorgfältig intaktgehaltenen bauerndörflichen Charakter und einem Ortsbild, das sich noch heute weitgehend wie im 18. und 19. Jahrhundert präsentiert. Beide Ortsteile sind 1961 unter Heimatschutz gestellt worden.

1556 trat Tüllingen als Teil der Markgrafschaft Baden zum evangelischen Glauben über. So bestand zwischen Riehen und Tüllingen keine echte Religionsgrenze, wie sie zwischen Riehen einerseits und Inzlingen und Steinen andererseits lange geherrscht hat. In der Tüllinger Kirche wirkten denn auch immer wieder aus Basel stammende Pfarrherren wie etwa der spätere Münsterpfarrer Johann Jakob Gugger (1540–1619). Die Tüllinger Kirche, in der bei Renovationsarbeiten vermutlich aus dem 15. Jahrhundert stammende Wandbilder gefunden worden sind, ist bereits in einem Schutzbrief zu Gunsten des Klosters St. Blasien aus dem Jahre 1173 erwähnt.

Im 18. Jahrhundert war die Tüllinger Höhe Mittelpunkt von Kampfhandlungen, als 1702 anlässlich der Schlacht von Friedlingen der französische General Villars mit seinen Truppen die Tüllinger Höhe erklomm und das Käferholz besetzte. Die französischen Soldaten wurden anschliessend vom Markgrafen von Baden nach Weil zurückgeworfen.

Heute lockt die wunderbare Aussicht vom Tüllinger Berg bis weit in den Jura und in den Sundgau das ganze Jahr Ausflügler, und im Herbst bieten die günstigen Windverhältnisse ideale Voraussetzungen, um Drachen steigen zu lassen.

Der rote Rhombus geleitet die Wanderer durch das Dorf hindurch und rechts aufwärts zum Wanderparkplatz Obertüllingen, der von Weil aus doch mit dem Auto erreichbar ist. Erneut öffnet sich eine grossartige Aussicht.

Rechts an einem Hindenburg-Gedenkstein aus dem 1. Weltkrieg vorbei wandert man weiter gegen den Wald und dort, auf Naturbelag, dessen Rand entlang gegen Nordosten. Im Tal ist die Wiese zu sehen, dahinter

Laune der Natur: Baum im Käferholz bei Obertüllingen

Ötlingen: Kirche mit Rebhang

das imposante *Schloss Rötteln*. Weitherum sind Ebene und Hänge überbaut, aber an den Talflanken dehnen sich grosse Wälder aus, und in der Ferne ist der Schwarzwald sichtbar. Der Weg bewegt sich zwischen Wald und Weide leicht aufwärts und wieder abwärts. Da und dort stehen Ruhebänke für eine Rast.

Wo die Fahrstrasse mit Naturbelag rechts abwärts verläuft, ist der schmale signalisierte Wanderweg links in den Wald hinein zu nehmen. Wie schon vorher wird der Vogelsang im Landschaftsschutzgebiet Tüllingerwald zur liebenswerten Begleitung auf dieser Strecke.

Über eine Waldstrasse zu einer nächsten Waldstrasse, auf welcher der rechtsführende Westweg mit einem Linksabbieger zu verlassen ist, bis zu einer weiteren Wegkreuzung, auf der rechts die *Daur-Hütte* erreicht wird. Hier am Nordrand des Waldes mit einem Picknickplatz ist erneut ein eindrückliches Landschaftspanorama zu sehen, das vom Wiesental über die Flanken des Kandertales bis zum Isteiner Klotz und zur Rheinebene sowie gegen Süden zum Jura reicht.

Die nächste Etappe über freies Feld ist mit einem gelben Punkt signalisiert. Auf einem schwach begangenen Feldweg gelangt man immer geradeaus nach *Ötlingen* hinunter (bei nassem Boden kann auf der Wegkreuzung im Wald geradeaus weiter marschiert werden bis zu einer

Fahrstrasse, die rechts abwärts ebenfalls nach Ötlingen führt).

Das malerische, am Nordwesthang des Tüllinger Bergs gelegene Rebdorf Ötlingen gehört seit 1971 zur Stadt Weil. 18 von insgesamt 219 Hektaren Gemarkungsfläche sind mit Reben bebaut. In einer Urkunde Kaiser Heinrichs IV. wurden anno 1064 der Benediktinerabtei Ottmarsingen Güter in «Ottlinchoven» bestätigt. Die Basler Predigermönche besassen hier zwei Höfe, die 1529 nach Auflösung dieses Ordens an das städtische Kirchen- und Kulturgut übergingen. Heute weist das Dorf neben seiner alten Struktur auch neue Wohngebiete auf, und seiner reizvollen Lage wegen wird Ötlingen besonders an Wochenenden von auswärtigen Besuchern frequentiert. Eine Rast auf den Terrassen der Gasthäuser mit Blick auf die Oberrheinische Tiefebene ist denn auch ein besonderes Erlebnis.

Von Ötlingen aus ist gegen das obere Dorfende zu der mit dem gelben Punkt markierte Wanderweg auf der Asphaltstrasse rechts abwärts einzuschlagen und beim ersten Abzweiger nach links auf das Wiiwegli einzubiegen. Dieses kann auch vom unteren Dorfende aus begangen werden. Zuerst auf Asphalt, aber bald auf Naturbelag führt der Weg durch die Weinberge gegen Süden, dann und wann zu einem Blick auf die Rheinebene mit den ungezählten Häusern und den Jurabergen dahinter verlokkend. Dem roten Rhombus mit der Traube darin folgend geht es annähernd geradeaus dem Hang entlang, mit nur leichten Bewegungen nach links und rechts sowie auf- und abwärts.

Wieder auf Asphalt mündet der Wanderweg dann in ein Wohngebiet der Stadt *Weil* ein und wechselt dort in eine Strasse gegen die Stadt hinunter, von der bald ein Fussgängerweg links abbiegt. Zwischen Häusern und Gärten hindurch gelangt man zur Hauptstrasse, auf der die Landesgrenze und der Riehener Schwimmbad-Parkplatz erreicht werden.

16 Von Muttenz über Bad Schauenburg nach Gempen

Muttenz – Egglisgraben – Bad Schauenburg – Stollenhäuser – Gempen – Dornach

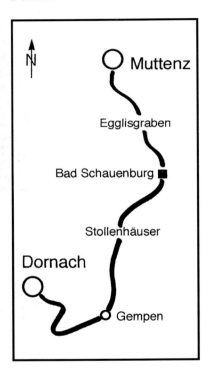

Wer jetzt eine Wanderung unternimmt, erlebt die ersten Frühlingszeichen: allenthalben neues Grün und dazwischen Farbtupfen von Blumen.

Distanzen und Marschzeiten: Muttenz–Egglisgraben–Bad Schauenburg rund 5 km = 1¼ bis 1½ Std. Bad Schauenburg – Stollenhäuser – Gempen rund 4,5 km = 1¼ Std. Gempen–Dornach 5 km = 1¼ bis 1½ Std.

Karten: Landeskarte 1:25'000, Blatt 1067 Arlesheim oder Spezialkarte des Jura, Blatt 2 Basel – Baselland – Olten.

Verpflegungsmöglichkeiten:
Schauenburg Bad (Sonntag ab 17 Uhr geschlossen), Egglisgraben (Mittwoch und Donnerstag geschlossen), in Gempen mehrere Gasthäuser, von denen täglich sicher eines offen ist, Restaurant Gempenturm (Donnerstag und Freitag geschlossen).

Zu Beginn beschaut sich der Wanderer die von der Tramstation südwärts führende Muttenzer Dorfstrasse mit ihren stilvoll renovierten alten Häusern.

Wie alte Gräber und Mauern belegen, war das Gebiet von *Muttenz* bereits in keltischer und römischer Zeit besiedelt und bewohnt. 1226 ist «Muttenz» als Ort erwähnt, wo das Kloster Schöntal Besitzungen hatte. Die Bauernunruhen von 1525 und die Kämpfe der Reformationszeit zogen Muttenz stark in Mitleidenschaft, ebenso die von 1831 bis 1833 dauernden Revolutionswirren.

Die alte befestigte Dorfkirche St. Arbogast ist ein interessanter kirchlicher Wehrbau, der erstmals 1303 erwähnt wird und offenbar auf römi-

Gempen im frühen Blust

schen Grundmauern vom Domstift Strassburg errichtet wurde. Die Kirche wurde zur Zeit der Münch von Münchenstein als Ersatz für die zerfallenden Burgen befestigt. Über dem nördlichen Eingangstor sieht man das Wappen der Münch, am Turm diejenigen von Hans Thüring Münch und seiner Gemahlin Fröwelina von Eptingen und Wildenstein. Der Schlussstein im Kreuzgewölbe trägt die Wappen des Konrad Münch und der Katharina von Löwenburg. Sehenswert sind die prachtvoll geschnitzte Holzdecke von 1504, über der Empore das Monumentalgemälde aus dem 15. Jh., «Das Letzte Gericht» darstellend, die innerhalb der Ringmauer befindliche Betkapelle mit Wandbildern und gotischer Holzdecke von 1513 sowie der überlebensgrosse Christophorus an der Aussenwand.

Links neben der Kapelle befindet sich eine Sammlung alter Grenzsteine, rechts das Massengrab der Opfer der Trennungswirren von 1833, ferner im Kirchhof Gedenkstein und Grab von K. Jauslin, dem Schöpfer der «Bilder aus der Schweizergeschichte».

Nach diesem historischen Auftakt geht es ein Stück auf der Strasse weiter bis zu einem links den Hang aufwärts führenden Fussweg. Auf diesem bis zur ersten Querstrasse und weiter dem West- und dem Südhang des Wartenbergs nach, zuerst durch Häuser und dann durch Rebgelände.

Oberhalb der Deponie Egglisgraben wird das gleichnamige Restaurant erreicht. Der Wanderer folgt dem Wegweiser Bad Schauenburg bis zu einem rechts abzweigenden, mit gelbem Rhombus gekennzeichneten Wanderweg. Nach einem mehr oder weniger steilen Anstieg von insgesamt rund 150 m gelangt man zur Höhe östlich der Ruine Schauenburg, worauf es wieder bergabwärts geht. Wenn der Waldweg durch Holzarbeiten aufgewühlt ist, kann links abgebogen werden auf die Fahrstrasse bis zur Wegverzweigung nach einem starken halben Kilometer, wo in spitzem Winkel ein leicht abwärts verlaufender Weg eingeschlagen wird.

Bald kommt *Bad Schauenburg* in Sicht. Bereits anno 1644 wurde hier oben in der reizvollen Abgeschiedenheit ein Badebetrieb aufgezogen. Gründerin des Bades war die Frau des Ratsherrn Keller von Basel. Gebadet wird hier aber schon lange nicht mehr; das stattliche Gebäude beherbergt heute Gasthof und Hotel, und im kürzlich erstellten Nebentrakt stehen moderne Räume für Tagungen und Seminare zur Verfügung.

Auf der nächsten Etappe ist, dem Wegweiser Schönmatt/Arlesheim folgend, zunächst eine Strassenwanderung zu absolvieren. Bei der Verzweigung Rodrisberg auf den Weg links gegen den Weiler *Stollenhäuser*, an diesem vorbei links aufwärts und dem gelben Rhombus nach in den Wald hinein. Auf der Lichtung in der Höhe marschiert man links dem Waldrand entlang und der Strasse nach zum Dorf *Gempen* (Beschreibung in Route 6). Dort auf der Fahrstrasse Richtung Dornach. Diese folgt einer Krete und verläuft hernach steil abwärts in den Wald hinunter. Die letzte Strecke durch *Dornach* zum Bahnhof und zur BLT-Station wird wieder zur Strassenwanderung.

17 Chlusertal: Reben, Wald und Wiesen

Aesch – Ettingen – Reinach

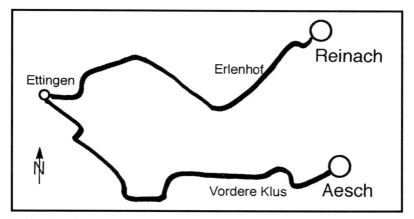

Neben den als Wanderwege zu Recht geschätzten Weinwegen im oberen Baselbiet und im Badischen gibt es auch nahe unserer Stadt Rebberge, die einen reizvollen Anblick darstellen. Dazu gehört der Weinberg von Aesch im Chlusertal. Er bietet jetzt vor der sommerlichen Hitze eine schöne und abwechslungsreiche Wanderung.

Distanzen und Marschzeiten: SBB-Bahnhof Aesch–Ettingen ca. 5 km = 1¼ bis 1½ Std. Ettingen–Reinach ca. 4 km = 1 bis 1¼ Std.
Karten: Landeskarte der Schweiz 1:25'000, Blatt 1067 Arlesheim oder Wanderkarte 1:50'000 Nordwestschweiz von Kümmerly + Frey.

Verpflegungsmöglichkeiten: verschiedene Gaststätten in Ettingen und in Reinach sowie unterhalb des Rebberganfangs das Restaurant Nussbaumer Vordere Klus (Montag und Dienstag geschlossen).

Ausgangspunkt der Wanderung ist der Bahnhof Aesch. Von hier aus geht es, dem Wegweiser Richtung Ettingen folgend, zunächst über die Birsbrücke und dann, dem gelben Rhombus nach, leicht rechts bis zur Hauptstrasse. Dort steht ein neuer Wegweiser mit verschiedenen Zielen, darunter erneut Ettingen; dieser Ausgangspunkt ist auch von der Tramendstation Aesch gegen Süden rasch erreichbar.

Die nächste Strecke ist, etwa einen halben Kilometer weiter, auf einem Wanderweg durch Quartierstrassen zurückzulegen bis zum Ufer des Chlusbachs. Dort öffnet sich der Blick in ein weites schönes Tal mit

Blick vom Weinwanderweg Aesch auf Pfeffingen und das Gempen-Plateau (links)

dem Höhenzug des Blauen auf der Linken und dem Hügel des Aescher Gmeiniwaldes rechts. Bald ist rechts abzubiegen und leicht aufwärts zum Waldrand zu wandern.

Wer nähere Rebberge-Informationen sucht, kann nach links auf den *Weinwanderweg Aesch* wechseln, an dem Tafeln mit verschiedenen Angaben über die Reben stehen. Der Weg zwischen Waldrand und Rebbergen bietet aber einen etwas weicheren Boden als Asphalt und schönere Bilder der Landschaft. Von einem unaufhörlichen Vogelzwitschern begleitet, schenkt dieser stille Weg immer neue Rebberg-Eindrücke mit jungen und alten, fast mathematisch geordneten Weinstöcken. Dahinter liegen in stiller Anmut die Wiesen und Wälder auf den vielfältigen Jurahöhenzügen.

Bald einmal geht es nach links abwärts und nach rechts an einer Obstbaumanlage vorbei zum Waldrand, wo der Wanderweg nach *Ettingen* zu nehmen ist. Der gut signalisierte, jetzt auf Naturboden verlaufende Weg zeigt ein abwechslungsreiches Bild des Waldes mit den verschiedensten Bäumen und auch mit vom Sturm umgerissenen Stämmen.

Bei einer nächsten Wegkreuzung ist rechts abzubiegen und dem Waldrand entlang leicht abwärts zu wandern, mit einer weiten Aussicht auf das untere Baselbiet mit einer lieblichen Landschaft und den zahlreichen Dörfern dazwischen. Gegen Ettingen hinunter säumen jetzt ungezählte Obstbäume, die vor kurzem ein prachtvolles Frühlingsblütenbild geboten haben, den Weg, auf dem das Dorfzentrum mit seinen verschiedenen Gaststätten erreicht wird.

Ettingen ist eine alemannische Siedlung. Die Ortschaft kam mit Therwil an das Kloster Reichenau und fiel dann wieder an den Bischof von Basel. Ettingen trat 1529 zur Reformation über, kehrte aber 1595 wie Reinach zum alten Glauben zurück. 1793 bis 1814 war das Dorf französisches Staatsgebiet. 1815 kam es zum Kanton Basel. Die Pfarrkirche St. Peter und Paul wurde 1710 errichtet, später umgebaut und vergrössert. Auf dem Friedhof entdeckte man Hockergräber.

In Ettingen ist zunächst die Fahrstrasse nach Aesch zu nehmen bis zur Abzweigung zum Schul- und Sportzentrum, wo die Strasse nach links und gleich anschliessend nach rechts, abseits der Fahrstrasse, einzuschlagen ist. Nochmals links und darauf rechts gelangt man auf eine schmale Strasse unterhalb der Ettinger Rebberge. Es sind kleinere, wohl eher von Privateigentümern als von Weinbaugesellschaften bewirtschaftete Rebberge, aus denen der ausgezeichnete Ettinger Wein stammt.

Auf der nächsten Querstrasse nach den Reben ist links abzubiegen auf eine an drei Abzweigungen vorbeiführende Landwirtschaftsstrasse, die nach einer Rechtskurve wieder als Wanderweg leicht abwärts gegen das Birstal verläuft. Noch vor dem Erreichen des Erlenhofs kann nach rechts und gleich darauf nach links auf einen Naturweg abgebogen werden, der bald wiederum nach links auf einen schmalen Pfad neben einem Bach und einem Waldstreifen abbiegt. Rechts oberhalb des *Erlenhofs* vorbei geht es geradeaus auf einem Feldweg, der zwischen Pflanzgärten und später Häusern hindurch nach *Reinach* führt.

Reinach hiess um 1174 Rinacho. Die St. Niklaus-Kirche war früher als Kapelle eine Filiale von Pfeffingen. 1511 wurde die Pfarrei selbständig. Der jetzige Kirchenbau stammt aus dem Jahre 1876. 1529 trat Reinach zur Reformation über, kehrte aber 1595 zum alten Glauben zurück.

Von Reinach aus kann das Tram Nr. 11 nach Basel oder zum Auto zurück nach Aesch genommen werden.

18 Auf der Habsburg und am Aare-Ufer

Bahnhof Brugg – Schloss Habsburg – Bad Schinznach – Bahnhof Rupperswil

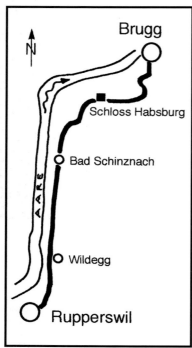

Der Frühling mag wohl auch einmal zu einem etwas weiter entfernten Startpunkt für eine reizvolle Wanderung verlocken. Von der Stadt Brugg aus bietet, nach einem Abstecher zum Schloss Habsburg, der Aare-Uferweg eine schöne Route bis hinauf nach Rupperswil oder sogar nach Aarau.

Distanzen und Marschzeiten: Bahnhof Brugg–Schloss Habsburg ca. 3,5 km und etwa 120 m Anstieg = 1 bis 1¼ Std. Habsburg–Schinznach Bad (Station) ca. 3 km = ¾–1 Std. Schinznach Bad–Bahnhof Rupperswil ca. 7,5 km = gut 1¾–2¼ Std.
Karten sind für die gut signalisierte Route eigentlich überflüssig – immerhin: Wanderkarte Kanton Aargau oder Spezialkarte des Jura, Blatt 1 Aargau – Lägeren – Bözberg, beide 1:50'000.
Verpflegungsmöglichkeiten: Brugg, Schloss Habsburg (montags geschlossen), Schinznach Bad und Dorf, Wildegg und Rupperswil.

Die Wanderung beginnt beim Bahnhof Brugg, vor dem ein Wegweiser die Route Richtung Habsburg anzeigt.

Zunächst geht es neben den Geleisen der Strasse nach und dann rechts abwärts in eine Unterführung, wiederum dem Wegweiser Habsburg folgend. Nach dem Unterschreiten der Geleise ist nochmals eine kurze Strassenwanderung in Kauf zu nehmen, halblinks leicht aufwärts dem gelben Rhombus an den Strassenlaternen nach. Am Waldrand wird der Wanderweg erreicht, der halbrechts in Richtung Habsburg verläuft, zunächst leicht abwärts, dann eben und nach etwa einem Kilometer aufwärts in den Wald hinein.

Rechts unten im Aaretal liegen Fabrikanlagen, Bahngeleise und Häuser, bis der Wanderweg, eine bequeme Waldstrasse mit Naturbelag, stärker aufwärts führt. Auf einer Strecke von rund 1,2 km ist eine Höhendifferenz von gut 100 m zu überwinden,

Idylle am Aare-Uferweg bei Bad Schinznach

was aber im Wald und damit im Schatten geschieht. Dann kommt links unten das Dorf Habsburg in Sicht, dahinter der Höhenzug des Chestenbergs und bald rechts oben das *Schloss Habsburg*.

Sowohl die mächtigen Mauern des Schlosses als auch die Weite des Aaretals gegen Süden und Westen sind sehenswert. Der Wanderweg führt wieder abwärts dem Waldrand nach und, dem Zeichen Bad Schinznach folgend, nach rechts, dann wieder links und schliesslich rechts in den Wald hinein und ins Tal hinunter, erneut dem gelben Rhombus nach. Im Tal angelangt, folgt der Wanderer dem Zeichen *Bad Schinznach* über den Golfplatz, unter der Strasse hindurch, unmittelbar nach der Unterführung rechts und dann links zum Kurzentrum. Durch die Anlagen des Thermalbades mit seinem typischen Schwefelgeruch wird der Aare-Uferweg erreicht.

Die nächsten rund 7 km bieten eine angenehme Wanderung auf dem Aare-Uferweg flussaufwärts, anfänglich zum Teil in der Nähe von Eisenbahn und Strasse, aber stets neben dem Wasser, das breit und still zwischen idyllischen Ufergehölzen dahinzieht.

Schilf, Wasser, Büsche und Bäume, Singvögel und eine weite Landschaft begleiten auf diesem Weg den Wanderer, der am Nachmittag bei hellem Wetter der Sonne entgegen geht. Links sind die mächtigen Bauten der Zementfabrik Holderbank zu sehen, auf dem gegenüberliegenden Ufer das *Schloss Wildenstein* und später, wieder links, das *Schloss Wildegg*.

Über den Gassmann-Steg geht es bei Wildegg geradeaus weiter, kurz vom Ufer weg über eine Brücke und gleich wieder nach rechts an das Flussufer. An einer weiteren grossen Zementfabrik vorbei führt der Aare-Uferweg weiter flussaufwärts, etwa 2,5 km geradeaus bis zu einer Strassenbrücke, wo der Wanderweg rechtwinklig links abbiegt nach *Rupperswil*.

In dem durch seine Zuckerfabrik bekannten Ort finden sich Bahnverbindungen zurück nach Brugg (für Automobilisten) und nach Aarau-Basel (für Fussgänger).

Wer sein Wanderprogramm noch etwas erweitern möchte, kann auf dem Aare-Uferweg bleiben und in gut 1¼ Stunden für rund 7 km den Bahnhof Aarau erreichen.

Das Schloss Habsburg

Die Habsburg, der Stammsitz des gleichnamigen Königs- und Kaisergeschlechts, wurde um 1020 vom Grafen Radbot erbaut. 1090 nennt sich Otto II., ein Urenkel Radbots, als erster seines Geschlechts nach dem Wohnsitz Graf von Habsburg. Zwei Jahrzehnte später wird die Habsburg 1108 erstmals urkundlich als Avichsberch (= Habichtsberg) erwähnt.

Seit dem 13. Jahrhundert wohnten nur noch habsburgische Dienstadelige auf der Burg. Nach mehreren Handänderungen ging die Habsburg 1469 an das Kloster Königsfelden über, nach der Aufhebung des Klosters 1528 an Bern und schliesslich 1804 an den Kanton Aargau.

Von 1979 bis 1983 wurde der östliche Teil der Burganlage von der Kantonsarchäologie ausgegraben und anschliessend konserviert.

19 Grüne Hochtäler im Jura

Aesch – Herrenmatt – Hochwald – Seewen – Grellingen

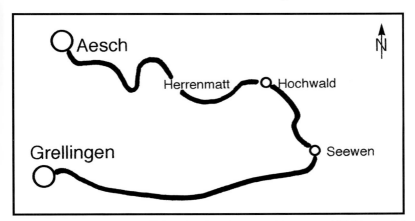

Im späteren Frühling mit all dem frischen Grün von Wiesen und Wäldern wird eine Wanderung durch die Hochtäler von Hochwald und von Seewen zum besonderen Erlebnis.

Distanzen und Marschzeiten: Aesch–Herrenmatt rund 3 km mit 300 m Anstieg = 1¼ Std. Herrenmatt–Hochwald rund 2 km mit 85 m Anstieg = ½ – ¾ Std. Hochwald–Seewen ca. 3,5 km mit 60 m Anstieg = 1–1¼ Std. Seewen–Grellingen rund 7,5 km = 2–2¼ Std. Total rund 16 km mit gegen 450 m Anstieg = 4¾–5¾ Std. Abkürzungsmöglichkeiten: Am Ende der Seebach-Ebene ein Stück weit der Fahrstrasse nach auf dem Fussweg links und später rechts von dieser = 3,5 statt 5 km. Eventuell mit dem Postauto von Seewen nach Zwingen.
Karten: Wanderkarte des Jura 1:50'000, Blatt 2 Basel – Baselland – Olten oder Landeskarte der Schweiz 1:25'000, Blätter 1067 Arlesheim und 1087 Passwang.
Verpflegungsmöglichkeiten: in Herrenmatt (Montag und Dienstag geschlossen), Hochwald, Seewen und Grellingen.

Die Wanderung beginnt am Bahnhof Aesch, wo zunächst die Bahnüberführung und dann kurz der Interregio-Wanderweg zu benützen sind. Gegen den Waldrand zu wird der Wanderweg verlassen; im Wald geht es vielmehr nach links auf eine leicht aufwärts führende Strasse, die den Blick freigibt auf die dichte Besiedlung der Birsebene mit dem Blauen und anderen Höhenzügen dahinter.

Beim ersten Haus nach dem Verlassen des Waldes zweigt ein Fussweg nach rechts ab in das Tal des Lolibaches. Es ist ein echtes Frühlingstal: ein idyllischer Weiher am

Blick vom Seebach zur Kirche Seewen

Anfang, zwischen Büschen und Bäumen durch ein Naturschutz-Reservat leicht aufwärts, rechts der murmelnde Bach, viele Vögel, überall leuchtendes Grün und die Farben von Blumen und Blüten. Es ist, etwa 1 km weit, eine stille, friedliche Welt, erfüllt vom Plätschern des munter dahinfliessenden Baches, von Vogelgesang und den Schönheiten einer von menschlichen Eingriffen unberührten Natur.

Dann öffnet sich der Blick auf ein Tal mit den Giebeln des Hofes *Tüfleten* im Hintergrund. Am Waldrand geht es links aufwärts zu einer Fahrstrasse nach rechts. Jetzt mit einem gelben Rhombus gekennzeichnet, biegt der Weg gute 100 m nach dem Passieren des Hofes rechts ab zum Waldrand. Dort wird die Route gegen Ober-Aesch, Herrenmatt usw. gewählt. Sie steigt zum Teil ziemlich steil an, bietet aber im Wald weitgehend Schutz vor Sonnenwärme. Dem ersten Anstieg folgt vom Waldrand an ein zweiter, der annähernd geradeaus zum Weiler *Herrenmatt* mit dem dortigen Gasthof führt.

Die nächste Etappe beginnt mit rund 150 m Strassenmarsch in östlicher Richtung, bis der Wanderweg nach links in den Wald abbiegt und nach einem Rechtsbogen vom Waldrand aus eine einzigartige Aussicht weit gegen Norden und Westen über Landschaften und Siedlungen bietet. Über den Höhenzug *Uf der Hollen*

Steiniger Wald unterhalb Seewen

wird, an einem Campingplatz und einer Kapelle vorbei, der steile Abwärtsweg nach *Hochwald* erreicht.

In Hochwald geht der Wanderer nach links der Strasse nach und bald darauf vor dem Schulhaus rechts aufwärts (das Wanderzeichen fehlt hier) bis zur Abzweigung nach rechts in den Stockenweg. Dieser verläuft in südlicher Richtung leicht aufwärts gegen den Wald zu, zwischen Häusern und Obstbäumen hindurch. In einem leichten Bogen nach links mündet der Weg nach etwa 2 km wieder in den markierten Wanderweg ein (das Abweichen von diesem bringt einen weniger steilen Weg und eine schönere Aussicht auf die Jurahöhen im Süden). Bei der Wegkreuzung vor dem Waldrand wird nach rechts abgebogen auf die gegen *Seewen* hinunterführende Strasse, die Teilstück des Jurahöhenweges ist. In weitem Halbkreis öffnet sich der Ausblick auf ein unvergleichliches Panorama der Juralandschaften.

Seewen – der Name des Dorfes versetzt uns viele Jahre zurück in die Zeit, als ein See noch die Böschung unterhalb der einfachen Bauernhäuser umspülte. 1307 übergab Graf Rudolf von Thierstein die Mühle von Seewen dem Kloster Beinwil, um aus dem Ertrag jährlich in der Fastenzeit Heringe kaufen zu können. 1460 verbrannten die Gesellen von Olten das Dorf. 1499 wurde es von schwäbischen Truppen überfallen. 1488 erhielt der Schmied Thomann von der Regierung die Erlaubnis, den See abzugraben. Als Entschädigung verlangte er die Hälfte der Fische. Er konnte aber sein Werk nicht ausführen. 1569 bewilligte die Regierung nochmals die Beseitigung des Sees. Aber erst Ende des 18. Jahrhunderts wurde ein Stollen in den Berg getrieben, damit das Wasser zur Birs abfliessen konnte. Heute bietet der drainierte Seeboden willkommenes Pflanzland.

In Seewen wird der Wanderweg vom westlichen Ausgang des Dorfes über die Bachstrasse erreicht. Neben dem Seebach geht es in westlicher Richtung über die Ebene. Es ist ein leichtes Wandern auf Naturbelag, der auf der vorangegangenen Route leider da und dort vermisst werden musste. Ein nach links abzweigender Wanderweg wird ausgelassen; die Richtung bleibt geradeaus rechts vom Ufer, dem Wegweiser Welschhans/Eigenhof/Grellingen nach. Bei der zweiten Brücke wird das Ufer gewechselt zu dem weiterhin geradeaus verlaufenden Wanderweg.

Beim Rechen im Bach führt nach etwa 2,5 km eine kurze Steigung zur Fahrstrasse, die nach wenigen Metern überquert und zum Betreten eines Waldweges mit dem gelben Rhombus verlassen werden kann. Der über der Fahrstrasse und dem Tal dahinziehende Weg bringt nochmals einen Anstieg, bevor es wieder abwärts geht; er folgt in romantischen Windungen durch einen stillen Wald dem Talhang. An einem links abzweigenden Abwärtsweg vorbei geht es nochmals aufwärts und nach kurzer Zeit bei der nächsten Verzweigung auf den links führenden Weg, dann eben oder leicht abwärts zu einem wieder mit dem Rhombus versehenen Wanderweg, auf dem im spitzen Winkel nach links abzuschwenken ist.

Anfänglich steinig und auch ziemlich steil, ist der an hochragenden Felsen vorbeilaufende Weg ins Tal hinunter aufmerksam zu beschreiten. Auf diesem ist nochmals ein leichter Anstieg in Kauf zu nehmen, bis es endgültig talabwärts geht in einer Spitzkehre gegen Westen (unten rechts der Hof *Bergmatt*) und kurz gegen Süden, und ein Wanderwegweiser die Richtung *Grellingen* rechts abwärts anzeigt. Teils auf einem schmalen Weg, teils auch neben der Strasse wird der Bahnhof erreicht.

Der Name Grellingen ist alemannischen Ursprungs. Aus Bodenfunden kann man aber ersehen, dass die Gegend um Grellingen schon lange vor der Völkerwanderung besiedelt war. Hier zweigte die Römerstrasse ab, die über die «Blatten» Basilea (Basel) erreichte.

Von Grellingen aus fahren Züge nach Aesch wie auch direkt nach Basel.

20 Durch die Langen Erlen ins Wiesental

Lange Erlen – Weil Ost – Tumringen – Haagen

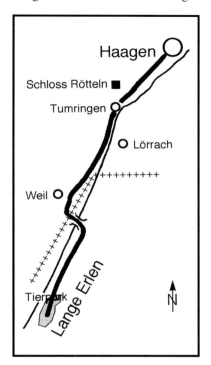

Der Gang durch eine Frühlingslandschaft gehört zu den schönsten Wandererlebnissen. Um die zu neuem Leben erwachte Natur voll geniessen zu können, sollte eine leicht begehbare Route gewählt werden. Das Wiesental bietet eine gute Möglichkeit dafür.

Distanzen und Marschzeiten: Tierpark Lange Erlen–Weil-Ost rund 3 km = ¾–1 Std. Weil-Ost–Tumringen rund 5 km = 1¼–1½ Std. Tumringen–Bhf. Haagen ca. 2 km = ½–¾ Std. Verlängerungsmöglichkeit von Haagen auf dem linken südlichen Ufer der Wiese flussaufwärts bis Steinen ca. 5 km = 1¼–1½ Std.
Variante bei starkem Verkehr auf der Wiesentalstrasse bzw. zum Ausweichen ab Asphaltbelägen: nach dem Zollübergang und dem Unterqueren der Eisenbahnbrücke in Lörrach-Stetten auf der ersten Strasse rechts aufwärts und dann links wenig mehr als ½ km zum Bahnhof Lörrach-Stetten wandern und von dort mit dem Zug bis Steinen fahren, wo sich auf dem rechten und nach der zweiten Brücke auf dem linken Flussufer ein schöner, etwa 6 km langer Weg bis Schopfheim bietet. Wer weiter wandern möchte, kann dort den Wiesentalweg bis Hausen oder sogar Zell (4 + 3 km) benützen.

Die Züge der Wiesentalbahn fahren bis gegen Abend jede Stunde in beiden Richtungen und an Werktagen zum Teil zusätzlich im Halbstundentakt zwischen Bad. Bahnhof und Zell.
Karten: Wanderkarte 1:50'000 des Landesvermessungsamtes Baden-Württemberg, Blatt 8 Belchen – Wiesental.
Verpflegungsmöglichkeiten: Parkrestaurant Lange Erlen, verschiedene Gasthäuser in Weil, Tumringen und Haagen.

Ausgangspunkt der Wanderung ist der Tierpark Lange Erlen, der sowohl mit dem Autobus (36 ab Badischem Bahnhof zur Haltestelle Lange Erlen) als auch mit dem Auto gut erreichbar ist. Ein Gang durch den Tierpark sollte nicht verpasst werden; es gibt zahlreiche interessante Tiere und auch schöne Bäume zu sehen.

Beim roten Rhombus, dem Westweg-Wanderzeichen, geht es nach links zum Ufer der Wiese und auf der Wiesendamm-Promenade nach rechts flussaufwärts. Es ist auf dem Uferweg oder auf dem parallel zu ihm im Wald gelegenen Spazierweg ein angenehmes, müheloses Wandern in östlicher Richtung. Vom gelassenen Rauschen des Flusses begleitet, erlebt man die Zeichen des Frühlings.

Als eine der grünen Lungen unserer Stadt bieten die Langen Erlen neben den beiden Uferwegen zahlreiche Spazierwege. Interessant ist auch die Wald-Informationsanlage der Bürgergemeinde oberhalb des Tierparks.

Auf dem Weihersteg ist auf das andere Ufer zu wechseln, während der Westweg geradeaus weitergeht. Es geht ein paar Meter flussabwärts und dann rechts und, dem Velowegweiser Kandertal nach Weil-Ost folgend, erneut in die ursprüngliche Richtung. Am Rand des Uferwaldes verläuft der Weg gegen eine stillgelegte Kiesgrube zu. Dahinter steigt der Hang des Tüllinger Bergs bis zur Kirche und den Häusern von Obertüllingen empor. Es ist eine eigenartige Landschaft mit der Ebene vor der grossen Kiesgrube, welche in früheren Zeiten vor dem Abtragen ebenfalls von einer mehrere Meter hohen Kiesschicht bedeckt war.

Nach kurzem Anstieg wird ein Neubauquartier der Stadt *Weil* erreicht (Identitätskarte und DM nicht vergessen). Dort geht es auf dem Weg für Velofahrer und Fussgänger weiter zu den Geleisen der Verbindungsbahnstrecke zwischen Weil und Lörrach. Nach wenigen Metern wird auf einer Querstrasse rechts abgebogen zum Wuhrweg oberhalb des Hangs gegen die Ebene des Wiesentals. Beim ersten Abzweiger nach rechts geht es hinunter und dann nochmals rechts bis zum schmalen Pfad links neben dem zur Wiese fliessenden Bach. Auf der rechtsufrigen Promenade, die übrigens auch vom Weiherweg aus direkt begangen werden kann, wird die Strassenbrücke über den Fluss erreicht, welche zu der auf dem andern Ufer verlaufenden Dammpromenade führt.

Über die Landesgrenze hinweg gelangt man zur Wiesentalstrasse auf Lörracher Boden, von deren Trottoir aus auf einen Feldweg direkt am Ufer abgebogen werden kann. Die Stettener Wiesenbrücke kann dann nach links überquert werden zur Promena-

---

Schloss Rötteln, Eingang

Wiese bei der Weilstrasse

de auf dem anderen Ufer. Zwischen Familiengärten und der Wiese führt dieser asphaltierte Weg flussaufwärts mit der Möglichkeit, direkt am Wasser auf Gras weicher, doch weniger bequem zu gehen.

Von *Tumringen* an nach dem Überschreiten der stark befahrenen Querstrasse wandert man am gleichen Flussufer weiter, jetzt aber auf Naturbelag. Es ist ein schöner Weg mit Aussicht auf die gewaltigen Mauern des *Rötteler Schlosses* und gegen die Schwarzwaldhöhen, allerdings auch mit dem Nachteil, dass es sich zugleich um einen Veloweg handelt.

Das Rötteler Schloss, eine mächtige, weithin sichtbare Burganlage, wurde im 12. Jahrhundert errichtet. Sie durchlebte stürmische Zeiten und wurde 1678 von den Franzosen zerstört. Teilweise restauriert, dient sie heute vielen Besuchern als Ausflugsziel mit einer herrlichen Rundsicht auf das vordere Wiesental und auf die tannenbestandenen Kuppen des südlichen Schwarzwaldes. Alljährlich im Sommer finden auf Rötteln Theateraufführungen statt, die auf ein beachtlich grosses Publikum aus dem Dreiländereck zählen dürfen.

Bei der nächsten Brücke, nur für Fussgänger und Velos, geht es geradeaus weiter, also auf dem gleichen Ufer gegen *Steinen* zu, leider erneut auf Asphalt. Nach dem Unterqueren von zwei Autobahnbrücken hören der Verkehrslärm und der Asphaltbelag auf. Die Weite des Wiesentals und die Schönheiten des Frühlings sind wieder stärker zu empfinden. Nach dem Unterschreiten einer Strassenbrücke wird ein Fussgängersteg nach rechts über das Bahngeleise hinweg erreicht, auf dem man zum Bahnhof *Haagen* und damit zu einer Zugsverbindung zurück nach Basel kommen kann.

Lange Erlen

Das Waldgebiet an den Ufern der Wiese gehört von alters her zu den beliebtesten Naherholungsgebieten der Basler Stadtbevölkerung. Dies veranlasste 1871 den Basler Ratsherrn Albert Lotz-Holzach, den Tierpark Lange Erlen und gleichzeitig den Erlen-Verein als dessen Träger zu gründen.

Den ersten Bewohnern des Tierparks – einem von Fürst Carl Egon von Fürstenberg gespendeten Paar Trauerschwäne aus Australien – folgten mit der Zeit zahlreiche weitere Tierarten wie Rehe, Hirsche sowie Ziegen, Schafe, Lamas und einige exotische Tiere. Die Weiher und die umliegenden Parkanlagen wurden mit weiteren Schwan-, Gänse- und Entenarten, aber auch mit verschiedenen Zierhühnern bevölkert.

Während auf die wärmebedürftigen Exoten schon bald wieder verzichtet werden musste, liegt heute das Hauptgewicht des Parks immer noch auf den Hirschen sowie anderen, vorwiegend einheimischen Säugern und Vögeln. Unter den zehn gezeigten Hirscharten sind neben den Dam- und Axishirschen, Rehen und Virginias auch Rot-, Dybowski- und Sikahirsche zu sehen. Zu den selteneren Arten gehören die nordamerikanischen Wapitis und die indischen Barasingha- und Sambarhirsche. Zwergesel, Ziegen, Kapuzineraffen, Wildschweine und vietnamesische Hängebauchschweine sind weitere Bewohner der Anlagen. Neben den in Volièren gehaltenen Greifvögeln, Eulen, Kleinvögeln und Zierhühnern sind auch freilebende Graureiher und Störche zu sehen. Beachtenswert ist auch der vielfältige, schöne Baumbestand.

Um die Jahrhundertwende musste der Tierpark dem Neubau des Badischen Bahnhofs weichen. Er wurde auf das Gelände umgesiedelt, wo er heute noch liegt. Fünf festangestellte Tierpfleger besorgen die laufenden Arbeiten und den Unterhalt des Parks, was jährlich auf rund 1,2 Mio. Franken zu stehen kommt.

21 Frühlingssonne am Rhein

Bad Bellingen – Neuenburg – Chalampé – Neuenburg – Müllheim

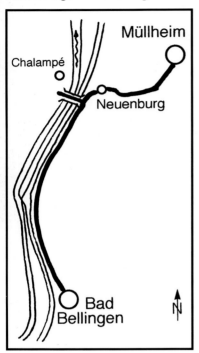

Distanzen und Marschzeiten: Bad Bellingen–Östlicher Brückenkopf bei Neuenburg rund 10 km = 2½–2¾ Std. Östlicher Brückenkopf–Chalampé und zurück rund 2 km = ½ Std. Brückenkopf bei Neuenburg–Bahnhof Müllheim rund 4,5 km = 1¼ Std. Total also rund 16,5 km = 4¼–4½ Std. Abkürzungsmöglichkeit durch Verzicht auf den Abstecher nach Chalampé.
Zugsverbindungen: ab Badischem Bahnhof täglich 8.50, 9.34, 10.00 Uhr. Abfahrten in Müllheim täglich 16.05, 16.35, 17.09 Uhr.
Karten: Sind für diese einfache Wanderung eigentlich unnötig. Immerhin: Wanderkarte 1:50'000 des Landesvermessungsamtes Baden-Württemberg, Blatt 8 Belchen – Wiesental oder Topographische Karten 1:25'000 des gleichen Amtes, Blätter 8211 Kandern und 8111 Müllheim.
Verpflegungsmöglichkeiten: in Bad Bellingen, Chalampé, Neuenburg und Müllheim mit einer Reihe ausgezeichneter Gasthöfe.

In der Rheinebene ziehen die Wärme und die Schönheiten des Frühlings eher ein als in anderen Gebieten unserer Nachbarschaft. So wird eine Rheinuferwanderung zur eigentlichen Frühlingswanderung.

Der Rheinaueweg beginnt zwar schon in Kleinhüningen. Aber er ist für Wanderer dort in der unmittelbaren Nähe von Hafen- und Industrieanlagen sowie nachher der Autobahn nicht eben erbaulich. Die Wegstrecke von *Bad Bellingen* aus ist darum vorzuziehen. Dieser Ausgangspunkt ist sowohl mit der Bahn als auch mit dem Auto gut erreichbar.

Zu Beginn sollte ein Gang durch den schönen und gepflegten Kurpark nicht unterlassen werden. Von dort wird der gut angezeigte Weg zum Rheinufer benützt, worauf es nach rechts stromabwärts geht. Nach knapp 2 km erscheint das blaue Wellenlinienzeichen des Rheinauewegs.

In vergangenen Zeiten ist der Rheinaueweg als Leinpfad für das

Kurpark in Bad Bellingen

Aufwärtsziehen von Kähnen durch Pferde und wohl auch durch Menschen benützt worden. Es ist eine bequeme, breite Promenade, die auch von Velofahrern, nicht aber von Motorfahrzeugen benutzt werden darf. Es ist ein harmloses Wandern auf diesem ebenen Weg zwischen dem still dahinfliessenden Strom und einem dicht bewachsenen Auenwald. Links und rechts leuchtet frisches Grün in den Büschen und Bäumen, und die Farbtupfen von Frühlingsblumen beleben die Wiesen.

Der Rhein fliesst stetig und leise murmelnd dahin. Ebenso wie in den Farben ist die Schönheit des Frühlings im Singen und Zwitschern zahlloser Vögel zu spüren. Der Hochwasserdamm ist einst künstlich angelegt worden; aber den Übergang zwischen Land und Wasser hat der Rhein teilweise selber gestaltet und zur lebendigen Natur entwickelt.

Auch die Wolkenbilder können auf diesem Weg zu einem Erlebnis werden. Zur Linken, auf dem westlichen Ufer des nicht sichtbaren, parallel zum Rhein verlaufenden Grand Canal d'Alsace, kommen nach einiger Zeit die grossen Anlagen des Hafens und der Industrie von Ottmarsheim in Sicht; doch sie sind weit genug entfernt, um nicht störend zu wirken.

Die Brücke zwischen Neuenburg und Chalampé bietet die Möglichkeit zu einem Abstecher ins *Elsass* hinüber. Der zweite Teil der Brücke gibt den Blick frei auf den Kanal, der, wie die aufwärts gelegenen Hafen- und Industrieanlagen, eher trostlos wirkt. Auf seinen beiden Ufern liegen ebenfalls Wege, die aber sowohl aufwärts als auch abwärts weit entfernt von einer anderen Brücke über Kanal und Rhein hinweg sind.

Auf dem Rückweg von Chalampé wird nach dem Überqueren von Kanal und Rhein die erste Abzweigung nach links genommen, die bald nach rechts abbiegt und unter der Autobahn hindurch Richtung Kirche der Ortschaft *Neuenburg* führt. An dem kleinen runden See ist der Weg halbrechts entlang der Strasse zu wählen. Bei der ersten Gelegenheit wird die Strasse durch die Stadt verlassen und nach rechts abgebogen bis zu den Bahngeleisen, vor denen eine nach links verlaufende Strasse einzuschlagen ist. Bei einem Bahngebäude mit Lagerschuppen ist ein Geleise nach links zu überschreiten bis zur nächsten Querstrasse, die in Richtung der Rebberge und der dahinter aufragenden Schwarzwaldhöhen zum Trassee der Rheintallinie und nach rechts zum Bahnhof *Müllheim* führt.

22 Am Birsufer aufwärts

Laufen – Bärschwil – Liesberg – Soyhières – Delsberg

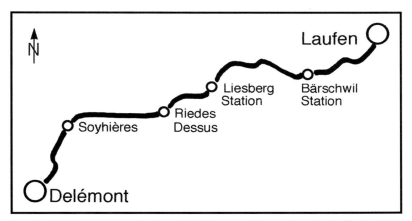

Laufen als Ausgangspunkt dieser Frühlingswanderung ist mit der Bahn leicht zu erreichen. Ein Gang durch das Städtchen, vor allem im Gebiet zwischen Martins- und Baslertor, sollte nicht unterlassen werden.

Distanzen und Marschzeiten: Laufen–Bärschwil 3,2 km = rund ¾ Std. Bärschwil–Liesberg 4 km = etwa 1 Std. Liesberg–Soyhières etwas über 6 km = gut 1¼ Std.
Karten (soweit überhaupt nötig): Landeskarte der Schweiz 1:25'000, Blätter 1087 Passwang und 1086 Delémont. Wanderkarte des Jura 1:50'000, Blatt 2 Basel – Baselland – Olten und Blatt 3 Solothurn – Delsberg – Pruntrut.
Verpflegungsmöglichkeiten bieten sich in Gaststätten in Bärschwil-Station (Restaurant Bad, Dienstagnachmittag und mittwochs geschlossen), Liesberg-Station (Restaurant Bahnhof, täglich nachmittags und Donnerstag geschlossen), Soyhières sowie in Delsberg und Laufen.

Die Wanderung beginnt beim Bahnhof, wo die Unterführung unter den Geleisen hindurch zu benützen ist. Dann auf dem Trottoir kurz rechts und über den Fussgängerstreifen links auf den Wanderweg Bärschwil/Delémont. Zunächst auf dem St. Martinsweg oberhalb der Strasse, dann auf der Wahlenstrasse und, bei der Linkskurve, geradeaus vom Verkehr weg gegen die letzten Häuser Laufens zu. Kurz darauf beginnt, wiederum rechts abzweigend, der eigentliche Wanderweg, der bald einmal vom Asphalt- zum Naturbelag wechselt.

Es ist ein angenehmer Weg, der nach einer kurzen Strecke im Wald an einem schönen Naturschutzweiher vorbei auf die freie Ebene hinaus führt. Unmittelbar neben der Bahnlinie geht es in südlicher Richtung bis zum Rand des Hangwaldes und darauf diesem entlang nahezu eben weiter. Bei der Bahnstation *Bärschwil* geht es den Geleisen nach geradeaus, der Wanderwegweiser kommt erst nachher in Sicht. Zuerst links und dann rechts vom Geleise verläuft der Weg birsuferaufwärts, begleitet vom unablässigen Rauschen des Flusses, vom Lärm der auf dem anderen Ufer vorbeifahrenden Autos und manchmal vom Dahindonnern der Züge. Die Bahn wechselt nach einer Weile auf das gegenüberliegende Ufer, der Wanderer aber marschiert zwischen Birs und Waldhang weiter bis *Liesberg*.

Vom Bahnhof Liesberg aus führt zuerst eine Strasse und dann ein schmaler Weg unmittelbar rechts von den Geleisen, in gleicher Richtung wie bisher, unter einer Strassenbrücke hindurch auf eine zwischen Bahn und Birs verlaufende Strasse. Rechts an der Aluminiumfabrik Laufen vorbei geht es auf einer Strasse weiter westwärts.

Bei *Nieder-Riederwald* werden die Geleise nach links überschritten und nach wenigen Metern ein nach rechts abzweigender Feldweg erreicht. Das Tal hat sich weit geöffnet, auf beiden Flanken steigen Hänge und Wald steil aufwärts. Nach etwa einem Kilometer wechselt der Weg wieder auf die rechte Seite der Bahnlinie, durchquert, kurzfristig auf Asphalt, den Ort *Riedes-Dessus* und gelangt bald danach wieder auf die andere Seite der Bahn, zwei nach rechts führende Abzweigungen werden ausgelassen. Beim Hof *Hasenburg* geht es rechts über den Fluss und vor dem Bahngeleise nach links auf die diesem entlang führende Strasse gegen *Soyhières* bis zur Umfahrung des Dorfes, wo eine Abzweigung über die Bahn hinweg auf die Fahrstrasse erreicht wird.

Nach der Bahnüberquerung geht es auf der alten Strasse geradeaus und dann links durch eine Fussgängerunterführung, über die Strasse hinweg, ein Stück rückwärts über die Birs, in spitzem Winkel nach rechts in ein Tal hinein etwas aufwärts und beim Wegzeichen rechts auf einem Feldweg in südlicher Richtung gegen *Delsberg* zu.

Der Wanderweg führt wieder ans Birsufer und diesem entlang aufwärts; zwischen dem Fluss und dem steilen Waldhang verläuft er fast eben durch eine romantische Landschaft. Wenn das Tal sich weitet, kommen die ersten Häuser von Delsberg in Sicht. Nach rechts über die Birs hinweg, ein Stück weit der Strasse nach und anschliessend auf einer Promenade und dann auf dem Trottoir kommt der Wanderer zum Bahnhof von Delsberg.

Eine Beschreibung der Stadt findet sich im Text zu Route 4.

Gemeinsam in die Kurve: Weg, Bahn und Birs bei Liesberg

23   Naturerlebnisse zwischen Bach und Berg

Liestal – Orismühle – Lupsingen – Chlekenberg – Reigoldswil

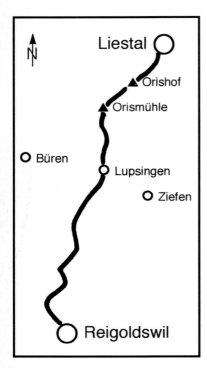

Nachdem es endlich richtig Frühling geworden ist, möchten auch die Wandersleute diese Aufbruchszeit intensiv erleben.

Distanzen und Marschzeiten: Liestal–Orismühle–Lupsingen rund 6 km = 1½ bis 1¾ Std. Lupsingen–Chlekenberg–Reigoldswil gut 6 km mit über 300 m Höhendifferenz = 2 bis 2¼ Std.
Karten: Landeskarte 1:25'000, Blätter 1068 Sissach, 1067 Arlesheim und 1087 Passwang oder Spezialkarte des Jura, Blatt 2 Basel – Baselland – Olten. Achtung: Auf der Jurakarte ist der Höhenweg ab Orishof bis zum Chlekenberg über Seltisberg eingezeichnet anstelle der mit Wegzeichen signalisierten heutigen Route über Lupsingen.
Verpflegungsmöglichkeiten: diverse Lokale in Liestal und Reigoldswil, Restaurant Orishof (Montag und Dienstag geschlossen), Restaurant Rössli in Lupsingen (Montag geschlossen).

Ausgangspunkt ist die Baselbieter Hauptstadt (Beschreibung in Route 8). Vom Bahnhof aus marschiert der Wanderer zunächst in östlicher Richtung der Strasse neben den Geleisen nach bis zum ersten Bahnübergang nach rechts. Dort geht es auf den Weg gegen den Passwang zu. Auf der südöstlichen Seite des Oristals führt ein angenehmer, nahezu ebener Wanderweg am bekannten Forellen- und Gasthaushof vorbei über etwa 3 km hinweg zur *Orismühle*. Rechts unten liegen grosse Fabrikbauten, denen ein liebliches Tal folgt.

Bei der Orismühle ist geradeaus eine kurze Strassenetappe in Kauf zu nehmen, bis es in der ersten Linkskurve auf einem Naturweg oberhalb des

---

Fischzuchtweiher beim Orishof

Orisbachs weitergeht. An der ersten Abzweigung wird der obere Weg beibehalten, der immer wieder den Blick auf den idyllischen, zwischen Naturufern in leichten Windungen dahinfliessenden Bachlauf freigibt. Von Zeit zu Zeit, eher spärlich, ist die Route mit einem gelbroten Balken gekennzeichnet.

Beim ersten Wegweiserkreuz folgt der Wandersmann der kurzen Abwärtsstrecke bis zur Strasse und nach deren Überquerung dem links leicht aufwärts führenden Wanderweg bis *Lupsingen*.

Von dort ab Dorfplatz in südlicher Richtung auf den u. a. mit *Chlekenberg* angeschriebenen Weg, der bald nach rechts und dann – ohne Wegzeichen – nach links gegen den Wald zu abzweigt. Nach Überwindung von 120 Höhenmetern auf einer Strecke von einem halben Kilometer wird der Höhenweg erreicht, der angenehm und leicht begehbar gegen Süden verläuft. Ringsum ist neues Grün und darin das Konzert der Vogelrufe.

Über die Querstrasse Ziefen–Büren hinweg folgt man dem Wegweiser *Ruine Ramstein*, zunächst einem Waldrand entlang leicht aufwärts, stets dem rotgelben Balken nach, bald nach links in den Wald hinein und nachher der Flanke des Holzenbergs entlang, zuerst aufwärts, später abwärts. Es ist auch hier ein schönes, leichtes Wandern, mit Blicken über Täler und Höhen hinweg auf Wälder und Matten und in der Nähe in die voll erwachte Natur.

Auf der Strasse Seewen–Ziefen einige Meter nach links und dann rechts in den Wald hinein. Wo nachher der gekennzeichnete Wanderweg rechts abbiegt, wird die gerade Richtung beibehalten, auf einem schmalen, kaum erkennbaren Abwärtspfad bis zu einer Lichtung, auf der ein besserer Weg links abwärts erreicht wird, der sich zur Fahr- und dann zur Asphaltstrasse nach *Reigoldswil* hinunter verbreitert.

Eine Beschreibung des Ortes ist im Text zu Route 2 enthalten.

Corina Christen

Wandern mit dem U-Abo

Band 4: Hügel, Höhlen, Hinkelsteine
96 Seiten, mit vielen Fotos und Routenskizzen
Kartoniert, Fr. 19.80

Corina Christen hat mit ihren Wandervorschlägen in der «Basler Zeitung» ein breites Publikum gefunden, das ihre Artikel nicht nur gelesen, sondern auch gesammelt und nachbestellt hat. Diese Leser und viele neue Wanderlustige werden froh sein, dass die empfohlenen Ausflüge nun mit aktualisierten Angaben in Buchform vorliegen.

Die bekannte Journalistin führt die Wanderer nicht nur zuverlässig durchs Gelände, sondern macht sie auch aufmerksam auf alles, was unterwegs sehenswert ist. Burgen und Kapellen, Wohnhäuser und Industriebauten mit ihrer Geschichte, Täler und Berge in ihrer natürlichen Schönheit und immer wieder Rast- und Spielplätze wie auch Restaurants zur Erholung wechseln in bunter Folge. Die meisten Ziele liegen in der Nordwestschweiz und damit im Netz des Umweltschutzabonnements, aber das Elsass und der Schwarzwald locken gelegentlich über die Grenze. Dazwischen lässt eine Höhle ins Erdinnere oder ein Planetenweg ins Weltall blicken.

Die Neugier, mit der Corina Christen ihre Wege begeht, überträgt sich auf den Leser, der so neue Entdeckungen macht und Bekanntes von einer anderen Seite sieht. Die Bilder des Fotografen Hannes-Dirk Flury geben dazu optische Anreize, und genaue Routenskizzen sorgen dafür, dass man sich überall zurechtfindet.

Friedrich Reinhardt Verlag Basel

Hugo Eichenberger

Wandern mit dem U-Abo

4. Auflage, 128 Seiten
mit vielen Fotos und Routenskizzen
Kartoniert, Fr. 19.80

Der erste Band der Reihe «Wandern mit dem U-Abo» bietet 25 Wandervorschläge im Gebiet des Tarifverbundes der Nordwestschweiz (TNW) an, die durch wenig bekannte Landschaften im Fricktal, Baselbiet und Schwarzbubenland führen.

Hugo Eichenberger

Wandern mit dem U-Abo

Band 2: Kurzwanderungen
3. Auflage, 128 Seiten
mit vielen Fotos und Routenskizzen
Kartoniert, Fr. 19.80

Die neuen Wandervorschläge sind insbesondere für Wanderungen im Herbst, Winter und Frühling, für Liebhaber der einheimischen Fauna und Flora sowie für Senioren und Familien mit Kindern gedacht.

Friedrich Reinhardt Verlag Basel

Jean Dentinger

Wandern mit dem U-Abo

Band 3: Schlösser, Burgen und Ruinen
112 Seiten, mit vielen Fotos, alten Stichen,
Zeichnungen und Routenskizzen
Kartoniert, Fr. 19.80

Der Autor bietet 20 Wanderungen zu Schlössern, Burgen und Ruinen, von denen pro Route oft mehrere auf dem Programm stehen. Alle Wanderungen beginnen und enden im Gebiet des Tarifverbundes der Nordwestschweiz.

Jean Dentinger

Wandern und Bummeln im Elsass

mit Zug, Bus, Tram, Fahrrad oder Auto
2. Auflage, 128 Seiten
mit vielen Zeichnungen und Routenskizzen
Kartoniert, Fr. 19.80

Der Autor bietet 25 Ausflüge, grösstenteils Rundwanderungen, in allen Teilen des Elsass an. Sie führen vorbei an Burgen, Ruinen, Klöstern und malerischen Orten.

Friedrich Reinhardt Verlag Basel

Kurt Ückert

Wandern und Bummeln im Schwarzwald

mit Bahn und Bus
104 Seiten, mit vielen Fotos und Routenskizzen
Kartoniert, Fr. 19.80

Der südliche Schwarzwald, vor allem das Wiesental, wird hier von einem seiner besten Kenner erschlossen. Die vorgeschlagenen Wanderungen sind besonders für den gedacht, der auf den öffentlichen Verkehr angewiesen ist.

Reto Locher (Hrsg.)

Velofahren mit dem U-Abo

128 Seiten, mit vielen Fotos und Routenskizzen
Kartoniert, Fr. 19.80

Das Büchlein zeigt, wie reizvoll kombinierte Fahrten mit Tram, Bahn und Velo sein können. Die Autoren haben bei der Tourenwahl stets auf Gemütlichkeit und weniger auf sportliche Leistung geachtet und schlagen deshalb auch manchen Abstecher auf eine Burg oder in eine besonders sehenswerte Kirche vor.

Friedrich Reinhardt Verlag Basel